DIRITTI D'AUTORE

DISCLAIMER

Il contenuto di questo libro "Navigare le finanze", è fornito a scopo informativo e didattico. L'autore Alessandro non fornisce consulenza assicurativa e finanziaria, legale o fiscale.

L'autore non è responsabile per eventuali errori o omissioni presenti nel testo, né per qualsiasi danno derivante dall'uso delle informazioni fornite. Si consiglia ai lettori di consultare il professionista per consulenze personalizzate relative alle proprie situazioni finanziarie, legali o fiscali.

L'utilizzo delle informazioni fornite è un rischio del lettore.

L'autore declina ogni responsabilità per eventuali perdite o danni derivanti direttamente o trasmessi dall'uso di questo libro.

DEDICA

Quanto dirò adesso sembrerà scontato, ma senza la mia famiglia e tutte le persone che mi hanno sostenuto e appoggiato in questi anni, non sarei quello che sono oggi, nel bene e nel male. Quindi dedico questo libro a voi tutti, senza cadere troppo nel sentimentale.
Siete stati pazienti, mi avete sempre appoggiato in ogni mia scelta, facendomi anche sbagliare da solo, dandomi consigli, ascoltandomi e scambiando opinioni, facendomi crescere e facendomi arrivare fino a qui. Siete ancora tutti al mio fianco. Un pensiero lo rivolgo al nonno Gianni, che osserva da lassù il mio percorso e sarà sicuramente orgoglioso delle persone che mi circondano e del cammino di crescita che sto percorrendo.
Vi voglio bene.

La seconda e ultima dedica la faccio a me stesso.
Un po' del mio ce l'ho messo per arrivare fin qui! Determinazione, costanza, entusiasmo, organizzazione, programmazione, sacrificio e volontà. Ho molte altre idee in testa, tanti obiettivi ambiziosi, e molto ancora da realizzare. Quindi auguro a me stesso, che questo sia il primo bel traguardo raggiunto dei tanti che mi pongo ogni giorno.

INDICE

CAPITOLO 6 - FISCALITA'

CAPITOLO 7 - I GIOCHI ECONOMICI

PRESENTAZIONE

Prima di cominciare con la lettura ci tengo a presentarmi e spiegarvi di cosa mi occupo e perché è nata l'idea di questo manuale.

Mi chiamo Alessandro e ho 31 anni, sono nato a Vicenza, la città del Palladio, nella quale risiedo.

Se penso a qualche anno fa, quando ho cominciato a lavorare in questo ambito, non avrei mai pensato di arrivare addirittura a scrivere un manuale, né tanto meno di raggiungere tutti i traguardi che ogni anno mi pongo, alzando sempre più l'asticella. Ma non dilunghiamoci troppo con la nostalgia!

Sono un appassionato di finanza, laureato in Economia e con un obiettivo ben chiaro: rendere il mondo della pianificazione assicurativa e finanziaria, comprensibile a tutti.

Il mio percorso formativo inizia con gli studi superiori presso il Liceo Scientifico di Vicenza, "G.B. Quadri", per poi proseguire gli studi presso la facoltà di Economia e Commercio di Verona. Il settore assicurativo mi ha sempre affascinato, così come la finanza, un po' per curiosità personale, un po' perché anche mio padre lavorava all'interno dello stesso mondo ed io sono cresciuto sentendone parlare, nonostante ricoprisse un ruolo completamente diverso dal mio. Dunque, già prima di laurearmi, ho iniziato a fare esperienza nell' agenzia assicurativa più importante della mia città e così ho avuto la fortuna di avvicinarmi al percorso che ancora sto seguendo.

Sono partito completamente da zero, e mi sono subito appassionato al lavoro, studiando e formandomi continuamente. Sono cresciuto velocemente, spinto dal desiderio di riscatto che sentivo dentro di me. Molti, infatti, dubitando che avrei potuto ricoprire un ruolo commerciale o aprire e mantenere una partita Iva, non credevano in me. Ma io ho subito trasformato queste iniziali perplessità in un "adesso vi faccio vedere io!"

Ho cominciato dunque nel 2017 come Consulente Junior e nel frattempo ho conseguito la laurea. Poi la determinazione e la voglia di affermarmi nel lavoro mi hanno portato ad un susseguirsi di risultati. Dopo solo un anno sono stato promosso a Consulente Senior, superando il primo ostacolo della ripida scala di opportunità e sfide che mi trovavo davanti. Dopo qualche mese, mi occupavo già in parte della formazione e gestione degli inserimenti in agenzia. Nel 2020, il terzo scalino a Team Manager, seguendo un gruppo di giovani neoassunti nei loro obiettivi, occupandomi anche della mia produzione, vincendo gare, titoli e riconoscimenti. Il prossimo step? Le idee sono ben chiare, ma non vi anticipo niente!

In questi anni, svolgendo il mio lavoro, ho acquisito consapevolezza delle mie capacità e soprattutto delle mie economie, aiutando persone di ogni età ed ogni classe sociale a gestire in modo efficace le loro finanze e le loro priorità, concentrandomi sempre di più nell'ascoltarli e vivendo personalmente delle esperienze che mi hanno dato molto da pensare.
Esiste una soluzione per poter alleggerire le preoccupazioni della gente di fronte ad alcune difficoltà? Il mio lavoro consiste in questo.

Un consiglio che mi sento di darvi subito è quello di essere curiosi. Curiosi in ogni ambito. La curiosità vi porta alla conoscenza, amplia il vostro sapere, vi porta fuori dalla vostra zona di comfort e magari vi fa scoprire passioni o attitudini che non pensavate di avere neanche lontanamente.
Anche io, prima di iniziare questo lavoro, ero un ragazzo semplice, conducevo la mia vita pacifica, serena, mi allenavo, studiavo e nient' altro. Non sapevo ancora bene quale fosse la mia strada e a cosa mi avrebbe portato la curiosità di intraprendere questa avventura lavorativa.
Quando poi ho cominciato a conoscere persone, a muovermi per la mia città, ad entrare nelle attività commerciali della zona, mi sono subito reso conto di avere l'attitudine di stare in mezzo alla gente, a parlare, a discutere e ho compreso di essere molto capace di costruire relazioni con persone del tutto sconosciute. Devo dire che un po' inconsciamente e un po' volutamente ho sempre fatto scelte contrarie a quello che tutti mi avevano sempre consigliato:

avrei dovuto, ad esempio, frequentare il Liceo Classico perché ero portato per le materie letterarie e perché la matematica non era proprio il mio forte. Eppure, ho deciso di iscrivermi allo scientifico, mettendomi alla prova e anche "soffrendo" quel Liceo. Con questo lavoro sono andato contro me stesso, mi sono messo in gioco. Ma se ora sono qua è proprio perché ho fatto determinate scelte, spesso difficili, uscendo dalla mia zona di comfort, per curiosità.

Ma non vorrei dilungarmi troppo. Veniamo al sodo.
Siete pronti a intraprendere assieme un viaggio entusiasmante attraverso il vasto e complesso mondo delle finanze personali, degli investimenti e delle polizze assicurative? Sono qui per guidarvi e semplificare le vostre idee per portarvi alla scoperta di un mondo in cui la sicurezza finanziaria si fonde con l'opportunità della vostra brillante crescita.
Ho deciso con questo manuale di ampliare e completare alcuni concetti che tratto in pillole sulla mia pagina Instagram Revelio_360, raccontando il mio percorso di crescita e dando fondamentali informazioni che torneranno utili, se vi state approcciando al mondo della pianificazione assicurativa e finanziaria. Spiegherò in modo semplice e chiaro alcuni concetti per me imprescindibili e fondamentali, cosicché possiate capire come funziona questo oceano enorme e sconfinato, spesso sconosciuto. Darò utili consigli per una valida crescita personale con lo scopo di rendere gli interessati più consapevoli di quello che li aspetta durante il lungo viaggio della vita e della pianificazione, creando la possibilità di continuare questo percorso assieme a me.

Come è nata l'idea della pagina e del libro?

La parola Revelio se siete dei fan come me del mago più famoso di sempre, la avrete già sentita. Harry Potter la utilizza per rivelare alcuni oggetti invisibili, nascosti e occultati. Revelio richiama la parola Rivelare, dal latino REVELARE, composta da Re (indietro) e Velum (velo), togliere il velo, cioè rendere noto qualcosa che prima era ignoto, in questo caso a 360 gradi. Navigare nel mondo delle finanze personali può sembrare un labirinto senza uscita, ma lo scopo della pagina e del manuale è proprio quello di fornire una mappa chiara del percorso che dovrete seguire per giungere al bottino finale. La mia missione è proprio quella di "togliere il velo" e far magicamente apparire soluzioni rapide alla vita di tutti i giorni, soluzioni che vi torneranno utili sempre ed in ogni ambito della vostra vita lavorativa, sentimentale, di crescita professionale, di gestione delle finanze, di protezione dei vostri patrimoni. Non dico che sia facile arrivare alla fine del percorso che inizierete. Dovrete affrontare tempeste, onde gigantesche, dovrete gestire un equipaggio e le risorse della nave. L'importante è che nella vostra testa ci sia sempre l'obiettivo finale e cioè quello di arrivare a destinazione con un bagaglio di conoscenza ed esperienza in più che vi renda più consapevoli.

Se vi piace One Piece, immaginate di essere come Luffy, il protagonista, che parte all'avventura senza equipaggio, senza una nave, ma con un obiettivo ben chiaro: diventare il Re dei Pirati.
Metterà insieme un equipaggio, si circonderà di persone che ritiene a lui affini e con una mentalità e degli obiettivi condivisi, troverà la sua nave e, infine, dopo un viaggio lunghissimo e mille ostacoli, trionferà.

Questa guida è adatta sia a chi inizia ad approcciare questo mondo, sia a chi invece lo naviga già, a chi ha già una famiglia, una casa, un'azienda o è già un imprenditore di successo.
Gli argomenti che tratto sono il mio lavoro, il mio pane quotidiano, e giorno dopo giorno mi rendo sempre più conto di quanto sia fondamentale il mio ruolo nella società, perché posso aiutare le persone a stare bene e a non avere pensieri.

Quali servizi offro e qual è oggi il mio lavoro?

Il mio lavoro si basa sulla consulenza di valore.

Avete mai desiderato una lente di ingrandimento per esaminare, all'occorrenza, le vostre polizze assicurative e avete mai pensato di informarvi in modo adeguato, non avendo il tempo né probabilmente la competenza per poterlo fare? La risposta la conosco già. La consulenza di valore consiste nell'analizzare dettagliatamente le polizze esistenti, segnalando rischi non individuati. Capire a 360 gradi le vostre polizze, le vostre esigenze, le vostre mancanze, è cruciale per garantire che siate adeguatamente coperti in caso di emergenza, evitando di scoprire delle falle quando ormai è tardi. La nostra è una società frenetica, corriamo, corriamo, corriamo e non troviamo il tempo di fermarci e analizzare accuratamente i rischi, per verificare se le coperture che possediamo siano costruite su misura e rispondano pienamente alle nostre esigenze, oppure se ci siano dei rischi nuovi di cui non siamo a conoscenza. Inoltre, lavorerò anche per darvi importanti consigli sull'ottimizzazione dei costi, valutando attentamente le vostre esigenze e senza compromettere il vostro livello di protezione. Vi darò assistenza continua, rispondendo alle vostre domande, seguendovi passo dopo passo, aggiornando le vostre coperture in base ai cambiamenti della vostra vita o della vostra attività, supportandovi e guidandovi in caso di bisogno.

Se invece state partendo da zero, questo manuale fa al caso vostro perché vi spiegherò alcuni concetti fondamentali da cui potete partire.

Parlerò di alcuni argomenti molto importanti, dandovi consigli e svelandovi alcuni trucchetti, che mi sono serviti tantissimo sia per il lavoro, sia economicamente per fare il salto di qualità che desideravo da sempre. Sono consigli che derivano dalla mia vita, dai miei errori, dall'esperienza di un giovane di trenta anni che ormai da molto tempo si confronta con tantissime persone e che entra in contatto con numerose e diverse realtà, con desiderio ed ambizione.

Nella mia pagina troverete già qualche ottima indicazione, ma se vorrete intraprendere un percorso con me, contattatemi e cominciamo assieme a gettare le basi per il vostro raggiante futuro. Nelle pagine che seguiranno, vi spiegherò i concetti per dare il via al lungo cammino di pianificazione di ogni persona. Iniziamo e buona lettura!

CAPITOLO 1
TERMINOLOGIA BASE

1.1 - COSA VUOL DIRE ASSICURARSI

Devo dire che questo è un concetto spesso sconosciuto e lo era anche per me quando ho cominciato a muovermi all'interno di questo mondo. Ma, se per me è stata una domanda lecita da pormi, per molti, al contrario, non lo è.

Parlando con molte persone, questo concetto viene spesso associato alla polizza obbligatoria RC auto (responsabilità civile auto), e banalmente la risposta media alla domanda *"Cosa vuol dire assicurarsi?"* è *"Io pago, pertanto, se ho un incidente l'assicurazione paga".*

Ci siamo quasi, ma ve lo spiego io in termini semplici.

Assicurarsi vuol dire in breve, delegare un rischio ad una compagnia (L'assicuratore). Quest' ultima si impegna, a fronte del pagamento di un premio, a rispondere del danno subito o recato a terzi. Assicurarsi, oltre che ad essere un ottimo investimento, significa migliorare la propria vita, viverla serenamente ed essendo assolutamente certi che, nel caso in cui dovesse succedere qualcosa, ci pensa qualcun altro a risolvere la situazione al vostro posto. È ormai superato pensare che quelli per le assicurazioni siano soldi buttati via. Essere assicurati per un evento o una pluralità di eventi garantisce serenità mentale ed economica, è un dato di fatto ed è indiscutibile. Come me avrete già molti pensieri per la testa. Perché averne di ulteriori? La vita è già complessa di suo, evitiamo di metterci del nostro per renderla ancora più tortuosa: *"Less is more".*

Il termine assicurazione deriva dalla parola latina "assicurare", che significa "mettere al sicuro" o "proteggere da un rischio". L'assicurazione è stata praticata in varie forme, per secoli e secoli di storia, ma il termine stesso ha radici latine che riflettono l'idea di fornire protezione finanziaria contro eventi rischiosi ed imprevisti. L'evoluzione di questo concetto ha portato poi alla creazione del moderno settore assicurativo.

Fatta un po' di chiarezza sul termine, voglio ora spiegarvi alcuni concetti fondamentali e che devono iniziare a far parte della vostra conoscenza. Vediamoli assieme nel prossimo paragrafo.

1.2 - FRANCHIGIA, SCOPERTO E FIGURE CONTRATTUALI

Parliamo ora di alcuni concetti che per me sono molto importanti. Specifico che le cose che leggerete da qui alla fine del libro, sono volutamente spiegate senza termini tecnici e argomenti troppo approfonditi. Il mio scopo non è quello di scrivere un saggio sulle polizze o le assicurazioni. Voglio darvi alcune e semplici informazioni che vi serviranno per conoscere alcuni concetti che possono tornare sempre utili e che se in seguito vorrete, potrete approfondire privatamente assieme a me.

Andiamo a parlare di questi concetti.

La parola **franchigia** e la parola **scoperto**, sono due termini comuni del mondo assicurativo e sono presenti in quella infinità di coperture presenti nel mercato. Conoscete la differenza tra i due concetti? In realtà nella pratica non ci sono differenze significative. <u>La franchigia</u> è un importo predefinito in polizza, non variabile, e viene applicata al cliente in caso di danno. <u>Lo scoperto</u> invece è una percentuale calcolata sul totale del danno subito. Ve la spiego facendo un esempio. Ipotizziamo che in una delle vostre polizze siano presenti franchigia (500 €) e scoperto (10%). In caso si verifichi un danno, la Compagnia di Assicurazioni applicherà a vostro carico il peggiore in termini numerici tra franchigia e scoperto. Ipotizziamo un danno di 100.000 €. In questo caso la Compagnia lascerà a carico del cliente il peggiore dei due, e cioè i 10.000 euro che derivano dallo scoperto del 10%.

Quindi, quando vi propongono una polizza auto che costa poco, o una polizza a tutela della casa che costa 100 euro all'anno, verificate quali garanzie siano state inserite, quali franchigie ci sono e quali scoperti. Perché non succede, ma se succedesse, avreste una brutta sorpresa, e le polizze devono aiutarvi proprio a non avere preoccupazioni, ma soprattutto a non dover tirare fuori soldi e a non andare ad intaccare il vostro patrimonio se dovesse accadere qualcosa di spiacevole.

L'altro concetto fondamentale da conoscere è il ruolo delle figure del contratto assicurativo.

Le figure principali del contratto sono 3.

Il **contraente**, cioè colui che firma la polizza e colui che paga i premi pattuiti con l'Assicuratore.

L'assicurato, cioè il soggetto che viene protetto dalla polizza stessa nel caso succeda qualcosa, è il soggetto che è esposto al rischio vero e proprio. Preciso che, ovviamente, contraente e assicurato spesso sono la stessa persona, ma è possibile che siano anche diversi. Molte volte, svolgendo consulenze a livello familiare, nasce l'esigenza per i genitori o per i nonni di proteggere e tutelare i figli o i nipoti. Supponiamo che vostro nonno decida di fare una polizza per la vostra tutela. In questo caso lui sarà il contraente, voi sarete l'assicurato. La terza figura del contratto è il **beneficiario**, cioè il soggetto che beneficerà della somma calcolata sui massimali di polizza. Quindi, se doveste farvi male, il beneficiario di tale somma potreste essere sempre voi, oppure un beneficiario differente, designato in fase di sottoscrizione del contratto. Questa figura gioca un ruolo fondamentale soprattutto per le coperture utilizzate in fase di pianificazione successoria (tcm/key-man di cui parleremo più avanti), in quanto tutte le polizze beneficiano di alcuni vantaggi stabiliti per legge, tra cui appunto l'esenzione dalle tasse per i beneficiari delle polizze "premorienza".

I benefici di una polizza vita assicurativa sono svariati. Quelli più interessanti sono l'impignorabilità e l'insequestrabilità, l'esenzione delle imposte in caso di liquidazioni di capitali per invalidità, morte, malattie gravi, perdita di autosufficienza.

Ora che vi ho parlato di alcuni concetti, dovete sapere una cosa. La mia consulenza si basa interamente su un concetto che possiamo fissare in due immagini ben chiare e definite, da tenere bene a mente: una piramide e una casa. Due strutture diverse ma simili, perché entrambe devono partire da una base solida e non traballante. La piramide senza tanti tasselli iniziali non potrebbe esistere né resistere alle forze della natura e al tempo. La casa non starebbe in piedi senza le fondamenta e senza un progetto.

CAPITOLO 2
LA TUTELA

2.1 - DA DOVE PARTIRE? IL MIO CONCETTO DI TUTELA

Rifletteteci bene, quando costruite una casa: partite dal tetto o partite dalle fondamenta, che devono essere solide e stabili e soprattutto devono garantire che la casa duri per decenni e resista ad ogni tipo di evento?

Ovviamente, partite dalle fondamenta. Anzi, ancor prima si parte dal progetto della casa, dal sogno e dall'immagine che si ha del concetto di casa. Una volta progettata e che nella vostra testa la casa è già pronta, si può cominciare a costruire. La consulenza serve proprio a capire il progetto e renderlo realizzabile.

Bisogna quindi ragionare bene su quali siano davvero le vostre reali esigenze e quali rischi si corrono nella vita di tutti i giorni. Prima di pensare al futuro, è necessario pensare al presente.

Noi, e intendo noi persone, siamo le fondamenta di questa casa. Quindi la solida base da cui partire, deve riguardare la vostra protezione, quella della vostra famiglia, della vostra azienda, la protezione da quegli eventi che potrebbero impedirvi di arrivare a posare l'ultima tegola del tetto o la punta della piramide. Se invece di gettare cemento nelle fondamenta si getta sabbia, la vostra casa starà in piedi per un po' magari, ma è questione di tempo: prima o poi non reggerà più, non starà dritta e inizierà a dare problemi. Nessuno dice che sistemerete tutto nel breve periodo, ma è importante iniziare a cambiare mentalità e iniziare a fare qualche ragionamento su questa tematica e, una volta sistemate le fondamenta della casa, potrete passare ai muri portanti, e poi a quelli secondari. Insomma, potrete cominciare a concentrarvi su altro. Per esempio, spostando l'attenzione sulla pianificazione finanziaria (pensione, accumulo per creare del capitale da investire, risparmio fiscale privato e aziendale, gestione nel medio e lungo termine delle risorse finanziarie) che garantisce solidità patrimoniale e soprattutto è un sostegno importante al tetto della casa ed è fondamentale definire bene il percorso e i processi per renderlo stabile. Ecco, il tetto finalmente, o la punta della piramide. Spesso le persone partono proprio da qua. Hanno dei soldi e decidono di investirli, spesso male, oppure comprano cose inutili o che addirittura non possono assolutamente permettersi. Conosco tantissime persone che con i primi stipendi hanno cambiato macchina (una spesa totalmente inutile, per me, in quanto debito passivo). Tanti vivono al di sopra della loro capacità economica. Mi trovo spesso a dover risolvere situazioni di riduzione del debito, quando invece vorrei occuparmi di come far crescere il patrimonio e di come difenderlo. Perché ci si trova in quelle situazioni? Per ignoranza economica e finanziaria, purtroppo. Siamo uno dei Paesi dove si investe meno in questi ambiti e dove sempre di più sono necessarie programmazione e organizzazione nella gestione dei soldi, delle uscite e delle entrate. Ci si trova in quelle situazioni, perché mancano le basi, le fondamenta della casa. Il tetto è l'ultimo step, quando ci sono già le fondamenta solide e i muri portanti a prova di terremoto. Una volta raggiunti questi obiettivi, ci si può poi divertire ad arredare la casa con cura, con accortezza, nei dettagli, si possono migliorare gli interni, ampliare la casa, decorarla meglio e nel tempo fare degli upgrade. Spero la metafora abbia reso l'idea. Dunque, ora vi chiederò di tenere bene a mente la pagina seguente, quella con la piramide disegnata. La memoria visiva è uno strumento potente e quando parlerete con me di pianificazione, vi tornerà subito in mente questa piramide, che rappresenta la legge non detta della tranquillità finanziaria, mentale e patrimoniale.

TEMPO
INTERESSE
CAPITALE
SUCCESSIONE
INVESTIMENTO
TFR
IRPEF
PIANO ACCUMULO
RISPARMIO
GESTIONE
TFM
FONDO PENSIONE
PENSIONE
INFORTUNIO
FAMIGLIA
MALATTIA
INVALIDITÀ
PREMORIENZA
AZIENDA
RESPONSABILITÀ CIVILE
CASA
TUTELA

2.2 - GLI ERRORI PIU' COMUNI TRA PERSONE POCO INFORMATE

Voglio parlare con voi di alcuni errori che noto con maggiore frequenza rispetto ad altri nella mia quotidianità lavorativa. Mi confronto e ho contatti con tante persone ogni giorno; perciò, riesco ad individuare gli errori più comuni. Al primo posto indiscusso, l'errore più frequente è quello di essere totalmente disinformati e poco curiosi. Spesso pensiamo all'aperitivo, ai momenti di svago, a far festa, e non pensiamo proprio a questo genere di mercato: l'assicurativo. Vero è che siamo tra i Paesi più bassi in classifica per educazione assicurativa e finanziaria, ma siamo nel 2024! Basta guardare qualunque telegiornale la sera, leggere un giornale qualunque, per vedere cosa possa succedere nel mondo attorno a noi. Siamo usciti da una pandemia, siamo di fronte ad una guerra che continua da due anni e ad un'altra appena cominciata, assistiamo a fallimenti di banche e chi più ne ha più ne metta. Insomma, non sono periodi semplici. Quindi il mio consiglio è di informarvi e di trovare qualcuno che possa darvi le giuste informazioni, seguirvi nel vostro percorso di crescita e nella revisione periodica delle vostre polizze e dei vostri investimenti.

L'essere poco curiosi, poco informati e fare di testa propria porta nel 90% dei casi ad un triste epilogo che ha un solo nome:
fallimento.

Arrangiarsi nel farsi una polizza completamente a caso o online, investire senza conoscere strumenti, non essere seguiti da persone che lo fanno di mestiere, usare strane piattaforme o addirittura (mi è capitata anche questa) fare bonifici a persone che telefonicamente vi contattano promettendo il 20% di interesse a settimana, solo investendo in magici strumenti a Dubai, vi porterà a perdere in modo generico fiducia nel sistema e in enti che non c'entrano niente (la colpa è solo vostra) e a dubitare di ogni cosa vi venga proposta in futuro (anche se valida), danneggiando inevitabilmente il vostro percorso di pianificazione.

Affidarsi ad un professionista fa la differenza, e non poca.

Il secondo errore più frequente è che spesso le persone tendono a stipulare una polizza solo perché costa poco. Questo errore è sempre fortemente collegato alla disinformazione e alla sfiducia. Deve essere chiaro e limpido a tutti che le polizze non sono dei regali, quindi, diffidate sia di quelle che costano davvero poco sia delle classiche online a prezzi stracciati. Probabilmente hanno poche garanzie e sarete poco tutelati, ricevendo brutte sorprese al momento di un sinistro. Se una polizza costa poco non vuol dire necessariamente che non sia valida, ma bisogna valutare con occhio esperto le garanzie, i massimali e le franchigie/scoperti che sono fattori fondamentali per la costruzione di una copertura adeguata. Se avete un budget limitato, affidatevi a qualcuno che con quel budget possa costruire per voi la soluzione migliore, rendendovi consapevoli delle vostre coperture e scoperture. Ogni giorno, svolgendo i miei studi per privati o aziende, mi capita di visionare polizze online o fatte giusto per vendere, che sì costano poco, ma non hanno garanzie adatte. Piuttosto, non fatele e risparmiate quel poco che costano tanto è uguale, come non averle.

Vale anche il contrario ovviamente. Stipulare una polizza perché costa tanto (quindi vuol dire che è buona) è un altro errore che spesso si commette. Come già citato, bisogna sempre valutare le coperture con occhio esperto. Più volte mi è capitato di visionare polizze molto costose, che contenevano grosse lacune e mancanze. Recentemente, dopo un'analisi approfondita in un'azienda da milioni di fatturato, ho scoperto che le polizze avevano delle enormi lacune e che addirittura la società che li assicurava era fallita. Le polizze sono sì un investimento, ma non devono chiaramente pesare in modo importante sulle economie personali o aziendali, vanno costruite con un determinato criterio e soprattutto meglio farle con una persona esperta e fidarsi del suo consiglio, o avere un paio di pareri prima di procedere.

L'ultimo errore che le persone spesso commettono è quello di rimandare continuamente la stipula della polizza. Rimandano e rimandano fino a quando non succede qualcosa. Siamo un popolo fatalista, noi Italiani, e sembra quasi ci piaccia aspettare che succeda qualcosa prima di tutelarci adeguatamente contro determinati rischi. Rimandare continuamente coperture per la vostra tutela oppure investimenti o ancora piani di risparmio per la pensione, porta solo ad un più lontano raggiungimento dei risultati o a dover fare, nel tempo, sforzi economici più elevati per poter raggiungere lo stesso identico obiettivo. Quindi, prima cominciate a pianificare la vostra vita, prima ne raccoglierete i frutti.

Il procrastinare continuamente è una pessima scelta a cui contribuiscono spesso una mentalità e un modo di pensare profondamente radicati, tanto da convincersi che siano giusti. In Italia abbiamo un'errata percezione del rischio, perché ci viene imposto dalla società. In televisione fa notizia l'incidente stradale con morti e feriti, ma nessuno dice che il maggior numero di infortuni e di decessi avviene, ogni anno, dentro le mura di casa. In pratica fa più notizia il giovane coinvolto in un incidente stradale, della vecchietta caduta dalle scale.

A proposito di infortuni, nel prossimo paragrafo inizieremo ad entrare nel vivo dell'azione. Tenete sottomano la pagina che vi ho suggerito di strappare, perché inizieremo a parlare della sezione tutela, la base della nostra piramide, le fondamenta della nostra casa. Vedremo assieme quali coperture rientrano nella prima sezione, cosa sono e come funzionano.

2.3 - POLIZZA INFORTUNI, MALATTIA E SANITARIA

Cosa coprono queste polizze? A cosa servono? Perché investire in coperture simili?

Queste sono le tre domande che più spesso mi vengono poste da chi si rivolge a me.

Come spiegato precedentemente, il "bene" principale da proteggere siamo noi stessi.

Come possiamo cominciare a farlo?

Stipulando una polizza infortuni.

Questa copertura è il cuore pulsante di questa grande sezione e garantisce un risarcimento in termini percentuali in caso di incidenti imprevisti, come ad esempio fratture in seguito ad una caduta, ad una lesione sportiva, ad un incidente stradale, ad un incidente sul lavoro o qualunque evento possa causarvi danni fisici accertati, per un evento violento ed improvviso, esterno alla vostra volontà. Con questa copertura, siete tutelati durante tutte le ore della giornata e durante lo svolgimento di qualunque attività. Siete protetti se vi fate male sul luogo del lavoro, siete protetti finché giocate a calcio o praticate il vostro sport o hobby preferiti, finché guidate la macchina o la moto, finché andate sul monopattino elettrico e, infine, anche se l'incidente non dovesse dipendere da voi, ma da persone terze. Questa copertura è l'inizio di un percorso. Oltre a coprirvi per piccoli infortuni, deve garantirvi un capitale calcolato in modo ben preciso e cioè tenendo conto del vostro reddito lordo moltiplicato per cinque volte. Per quale motivo? Perché in caso di grave invalidità molti studi hanno stabilito che il danno economico e finanziario, che una famiglia subisce dal mancato reddito, derivante dalle scoperture attualmente causate da aiuti statali inesistenti o quasi, viene ammortizzato in cinque annualità.

Ma vediamo il passo successivo dove ci porta.

La polizza per la malattia risponde allo stesso modo e può essere integrata in modo complementare a quella infortuni. Questa polizza vi risarcisce in base al grado di invalidità accertato a seguito di una malattia diagnosticata, come ad esempio un tumore o qualunque patologia possa portarvi ad uno stato fisico invalidante.

La polizza sanitaria invece è la regina delle coperture, THE QUEEN! Se a seguito di un infortunio o di una malattia, sarà necessario o vorrete ricorrere ad un ricovero privato, un intervento delicato, una cura specifica in una clinica specializzata, questa copertura rimborserà o anticiperà una parte o tutte le spese che dovrete sostenere, anche una volta superato l'ostacolo. È possibile accedere velocemente ad una vasta gamma di servizi medici e visite specialistiche, strutture cliniche e mediche private, esami diagnostici preventivi, check up e tanto ancora.

Il massimale, su cui verranno calcolati i risarcimenti o i rimborsi da parte della compagnia di assicurazioni è fondamentale che sia calcolato, tenendo in considerazione alcuni fattori, come ad esempio il reddito, l'età, la tipologia di lavoro che si svolge, la composizione familiare. Va fatta una sana e completa pianificazione del presente e del futuro.

È necessario esaminare principalmente questi tre fattori per stipulare una polizza adeguata:

- Calcolare le spese mediche sostenute dalla vostra famiglia negli anni passati.

- Verificare le condizioni mediche della propria famiglia, come condizioni croniche o genetiche.

- Calcolare l'impatto economico e patrimoniale che un evento improvviso potrebbe comportare a voi, alla vostra famiglia o alla vostra azienda (reddito lordo x 5).

Provate ora a calcolare i massimali da inserire in queste coperture.

In sintesi, assicurarsi con una di queste polizze è un investimento sulla vostra salute e sul vostro benessere finanziario. Queste soluzioni vi offrono protezione, sicurezza, accesso a cure di qualità e tranquillità mentale, tutto in un'unica soluzione. Per questo motivo è importante non rimandare queste importanti decisioni, perché la salute è la cosa più preziosa che abbiamo.

Sono coperture che devono andare a tutelare in modo assoluto, che voi siate dipendenti o lavoratori autonomi poco importa. Che voi abbiate 18 o 70 anni poco importa. Devono aiutarvi a colmare la perdita economica che può causare un possibile evento traumatico ed esterno alla vostra volontà. Piacerebbe a tutti avere la sfera di cristallo, ma purtroppo può accadere qualunque cosa, in qualunque momento, per qualunque motivo e non necessariamente per colpa vostra. Quindi NON RIMANDATE, informatevi e agite.

Se avete un'azienda, la copertura per invalidità è interamente deducibile, mentre è detraibile al 19% per le persone fisiche.

Rimanendo in tema di tutela, nel prossimo paragrafo parleremo di un'altra copertura fondamentale per ogni età. Prestate attenzione: **<u>è molto importante!</u>**

2.4 - POLIZZA LONG TERM CARE - LA NON AUTOSUFFICIENZA

Cos'è? A cosa serve? Perché stipularla?

Siete preoccupati per il futuro e volete assicurarvi che voi e i vostri cari sarete al sicuro, quando l'età avanzata o l'inaspettata non autosufficienza, a causa di un infortunio o di una grave malattia bussino alla porta?

Le polizze LTC sono la risposta. **Sono le coperture più innovative che al momento potete trovare nel mercato assicurativo.**

Prima di entrare nello specifico è importante fare una distinzione tra l'invalidità e la non autosufficienza, perché spesso esse si associano e invece sono due concetti complementari, ma diversi. Ve li spiego con un esempio. Ad un mio amico, che per comodità chiameremo Luigi, è stato diagnosticato il diabete, che è una malattia invalidante. Nonostante questo, durante la giornata riesce tranquillamente a vestirsi, svestirsi, farsi la doccia, farsi da mangiare, giocare alla playstation, a calcio e non ha bisogno di alcuna assistenza.

È invalido a tutti gli effetti, ma è completamente autosufficiente. Se Luigi si rompesse un braccio, gli verrebbe riconosciuto un risarcimento per la frattura, ma sicuramente non cambierebbe di molto la sua vita. Se invece a seguito del diabete o di un incidente più grave, Luigi rimanesse disgraziatamente in sedia a rotelle, oltre ad ottenere un risarcimento per la sua invalidità, riceverebbe anche dei soldi continuativamente, che lo aiuterebbero nelle difficoltà di tutti i giorni, per le spese mediche, per la badante qualora ce ne fosse bisogno. E questo per tutta la vita!

In alcuni casi questa polizza è anche ACQUISTABILE. Cioè, è possibile comprarla definitivamente ed essere sempre coperti, senza necessità di continuare a corrispondere un premio all'assicurazione. Questa è una enorme novità nel mercato assicurativo. Al momento è l'unica copertura che è possibile acquistare definitivamente e che vi copre per tutta la vita, anche dopo che avrete terminato il periodo di pagamento stabilito del premio di polizza.

Per finire, l'invalidità è un fatto oggettivo calcolato prendendo a riferimento la tabella INAIL. La Non Autosufficienza viene invece stabilita dal medico curante o dalla commissione medica, dopo particolari accertamenti fisici o mentali in caso di malattia mentale, dovuta alla vecchiaia o diagnosticata precocemente.

Le polizze LTC sono un tipo di assicurazione progettata per proteggerti quando avete bisogno di assistenza, sia nel presente se dovesse accadere qualcosa come al povero Luigi, sia in futuro, quando per vecchiaia non sarete in grado di arrangiarvi autonomamente e avrete bisogno di qualcuno che vi accudisca, senza pesare sulle vostre finanze e su quelle dei vostri cari.
Se avete tra i trenta e i sessantacinque anni, questo è il momento migliore per considerare una copertura LTC.

I premi per questa tipologia di copertura variano in base alla vostra età e al vostro stato di salute. Quindi, più siete giovani, meno dovrete investire. Ed è anche molto probabile e auspicabile che non abbiate acciacchi dovuti all'età: questo significa per voi essere soggetti assicurabili e a basso rischio.
Tali soluzioni vi offrono serenità finanziaria, proteggono il vostro presente, il vostro futuro e quello dei vostri cari. Non aspettate, iniziate a pianificare oggi per un domani senza pensieri. Dunque, perché pensare a questa copertura e perché avere una protezione per questa esigenza?
Vi do qualche dato che potrete tranquillamente recuperare facendo una banale ricerca su internet.
In questo momento in Italia ci sono 3,8 milioni di persone non autosufficienti, e lo Stato continua a non investire in fondi per poter accogliere le persone che si trovano in queste situazioni. Sempre più spesso esse vengono accudite a casa, dai loro familiari che devono subire stress psicologici ed economici non indifferenti.

Chi si augura di vivere fino a novanta anni?

La risposta è tutti, ma purtroppo dovete sapere che dei 3,8 milioni di non autosufficienti, il 40% è composto da persone proprio over ottanta.

La domanda che dobbiamo porci non è più se accadrà, viste le statistiche, ma come fare quando prima o poi succederà.

Considerando il costo medio di una badante o di una casa di cura, che si aggira in Italia intorno ai 2.000 euro al mese e considerando che una persona resta di media non autosufficiente 9,4 anni (media Europea), mal che vada dovreste disporre di una somma pari a 225.000 euro, solo per questa evenienza. Se non avete questa somma messa da parte, conoscete ora come poter risolvere la situazione.

Queste polizze vengono incentivate parzialmente dallo Stato italiano, consapevole del problema. Infatti, il 19% del premio, fino ad un massimo di 1.291 euro, è detraibile ai fini IRPEF (max 245 € all'anno).

Se invece avete un'azienda, siete soci amministratori con compenso, questa polizza può essere interamente messa a costo aziendale come welfare, purché sia previsto da un regolamento.

Spoiler: in Germania queste coperture sono state rese obbligatorie nel 1996 per i datori di lavoro nei confronti dei loro dipendenti, come benefit.

2.5 - LA POLIZZA TEMPORANEA CASO MORTE

Per iniziare prendiamo sempre come esempio Luigi, il nostro Stuntman delle assicurazioni. Luigi ha un lavoro, ha appena preso casa e a breve diventerà padre. Ha un mutuo, un finanziamento per la macchina nuova, le bollette da pagare, le polizze e sicuramente dovrà mettere in conto molte spese per suo figlio (si stima quasi 10.000 euro per ogni anno di età fino ai 18 anni). Assieme alla copertura infortuni, Luigi ha deciso di sottoscrivere una polizza temporanea caso morte con un capitale assicurato di 400.000 euro. In questo modo, se dovesse improvvisamente e prematuramente mancare, durante il periodo di pagamento della polizza, Luigi sa che a sua moglie e suo figlio arriveranno 400.000 euro che serviranno ad estinguere i debiti e in parte a garantire un percorso di crescita e di studio sereni a suo figlio. Dunque, tiriamo le somme.
Il bello di queste polizze è che i premi sono più bassi se iniziate quando siete giovani e in buona salute. È un modo intelligente per garantire un capitale opportunamente calcolato ai vostri cari, ai vostri soci, a chi volete.
Come tutte le polizze di TUTELA (infortuni ed LTC), anche questa è detraibile ai fini IRPEF o interamente deducibile dal reddito di impresa, se strutturata a livello aziendale (Key - Man). Inoltre, le somme corrisposte dall'assicurazione restano fuori dall'asse ereditario, dando un notevole vantaggio fiscale agli eredi che non pagheranno tasse sulle somme ricevute. Per questo motivo sono molto importanti da utilizzare per una adeguata PIANIFICAZIONE SUCCESSORIA. Ad oggi viviamo in un paradiso dal punto di vista successorio. Siamo il Paese con le più basse aliquote e le più alte franchigie in questi termini. Ma si sa che prima o poi ci si sveglia dai sogni.
Se non avete mai valutato queste coperture personali, familiari o aziendali, o avete le classiche coperture stipulate assieme al mutuo, scrivetemi: vi darò importanti informazioni e studieremo assieme la copertura più adatta facendo una attenta analisi della vostra situazione.

2.6 - POLIZZA PER LA CASA - IL SECONDO BENE PIU' PREZIOSO.

È risaputo ormai che il bene più importante del nostro patrimonio di Italiani, subito dopo noi stessi, è la casa. In Italia, il 70,8% delle famiglie è proprietaria della casa in cui vive e una grossa percentuale ne possiede anche più di una, vedendo la casa anche come un asset di investimento. La casa è quel bene che spesso richiede enormi sacrifici economici per essere costruita, ristrutturata, arredata, pensata come vogliamo o semplicemente comprata. Quel bene dove torniamo sempre, dove pranziamo e ceniamo, dove ci mettiamo sul divano a vedere qualche bella serie TV o un bel film con la nostra famiglia, i nostri figli, il nostro gatto e il nostro cane. Quella stessa casa magari dove siamo cresciuti o dove abitavano i nostri nonni e i nostri genitori, dove custodiamo ricordi indelebili di quando eravamo piccoli e spensierati.
Dunque, perché non pensare di proteggere questo bene, costruito pietra su pietra con tanti sacrifici?

Un dato sconcertante è che in Italia, la maggior parte delle abitazioni non è assicurata oppure è assicurata in modo non adeguato. E solo il 5% delle abitazioni sono assicurate per gravi calamità naturali (alluvione, terremoto, flash floods, inondazioni).

La polizza casa è un accordo assicurativo progettato per difendere la vostra casa e i vostri beni più preziosi da eventi imprevisti che potrebbero causare danni o perdite finanziarie, come ad esempio un incendio, un evento atmosferico, la grandine, uno sbalzo di corrente, un furto, la rottura di un tubo dell'acqua e tutte le conseguenze che possono causare tali eventi.
Pensate a questa polizza come a una "barriera magica" attorno alla vostra casa. In sostanza, è un modo per dormire serenamente, sapendo che se qualcosa di brutto accadrà, ci sarà un morbido e profumato cuscino ad attutire la caduta.

Nella creazione di una adeguata copertura è necessario tenere conto
di alcuni fattori:

- dei metri quadri dell'abitazione, compresi i garage e le varie
  pertinenze della casa. Conoscendo i metri quadri, sarà facile
  capire quale valore assicurare. Sarà sufficiente moltiplicarli per
  il valore di ricostruzione a nuovo nel nostro comune e nella
  nostra zona.

- della presenza di polizze condominiali, se casa vostra si trova
  all'interno di un complesso abitativo;

- della presenza di un impianto fotovoltaico;

- del possesso di animali domestici;

- del possesso di un giardino con alberi ad alto fusto (pioppi,
  palme, querce, abeti ecc.);

- dell'anno di costruzione integrale della casa e della tipologia
  dell'abitazione (appartamento, villa isolata, villa a schiera ecc.);

- della presenza di case vicine nel raggio di 30 metri dalla vostra.

Una volta valutati questi dati sarà più semplice costruire la copertura
più adatta alle vostre esigenze, che soprattutto vi dia copertura in
caso doveste subire un sinistro o un danno. In molte soluzioni si
possono anche stabilire le franchigie, gli scoperti o inserire specifiche
coperture fatte su misura e richiesta.

Ma perché è così importante che in polizza sia indicato il massimale
corretto, calcolato in base ai metri quadri? Lo vediamo nel prossimo
paragrafo.

2.7 - LA REGOLA DELLA PROPORZIONALE

Sembra che poche persone sappiano quello che sto per raccontarvi.
Infatti, in caso la vostra casa subisse un danno, questo verrà calcolato proporzionalmente alla vostra sottoassicurazione sovrassicurazione. Facciamo un esempio.

Ipotizziamo che il valore corretto da inserire in polizza per casa mia sia di 200.000 euro.
Per pagare meno il premio di polizza decido di assicurarmi per 100.000 euro. Risulto quindi sotto assicurato del 50%.

<u>Cosa succede se la mia abitazione subisce un danno di 20.000 euro?</u>

Dal momento che risulto sotto assicurato della metà, il pagamento del mio sinistro sarà pari al 50%, e cioè di solo 10.000 euro.
Lo stesso varrà al contrario, cioè se decidessi di inserire un valore in polizza di 300.000 euro. Risulterei sovra assicurato del 50% e varrà la stessa regola descritta in precedenza.

Questa si chiama **REGOLA DELLA PROPORZIONALE** e viene utilizzata da tutte le compagnie di assicurazione in fase di conteggio per la liquidazione di un sinistro.

Per questo motivo è veramente importante inserire dei valori corretti e congrui, altrimenti la sorpresa sarà amara al momento della liquidazione del danno subito.

Ci tengo a specificare che vi sto parlando delle basi di questo vasto mondo assicurativo. Abbiamo finito questa sezione e spero di avervi dato l'idea di cosa voglia dire assicurarsi e pensare alla propria tutela e quelle dei propri beni e dei propri cari.

È bene comunque sapere che questa sezione è ben più ampia, e comprende anche coperture più specifiche, come per esempio quelle che riguardano la responsabilità civile familiare, della propria attività lavorativa, della propria azienda. E ancora polizze a tutela dei condomini, dei capannoni, dei negozi, delle attività di commercio o delle attività artigiane, polizze per il trasporto di merci e così via.

Cominciamo ad immergerci adesso nelle calde acque della pianificazione finanziaria. Vi spiegherò di cosa si tratta in modo generico e vi darò qualche consiglio per cominciare a galleggiare in questo mare. Per imparare a nuotare, invece, dovrete avere pazienza e affidarvi ad un professionista.

Partiamo da un concetto che dovete conoscere, prima di iniziare a parlare delle strategie che potete mettere in pratica. Alla fine del manuale poi troverete dei giochi finanziari che, seguiti alla lettera, vi porteranno già a dei risultati.

CAPITOLO 3
LA PIANIFICAZIONE

3.1 - PIANI DI ACCUMULO E PENSIONE

Molti giovani pensano alla pensione come qualcosa di molto lontano, ma pianificare il proprio futuro finanziario è cruciale e sempre più importante per essere pronti al domani.
È quindi necessario PIANIFICARE AL MEGLIO il proprio futuro pensionistico. Diventa fondamentale dare un obiettivo ai propri risparmi e soprattutto avere pazienza di arrivare alla destinazione finale. Quante volte abbiamo sentito dire dai nostri nonni o dai nostri genitori IL TEMPO È DENARO? Ecco, nella pianificazione finanziaria è proprio così. Più giovani si è quando si comincia a pianificare, meglio è. Procrastinare o rimandare è l'errore più comune. E poi finisce per essere già tardi.

Immaginate di dover partire domani per un viaggio e di salire su un veliero, per intraprendere un'avventura di 20 anni verso la vostra destinazione. Prima di raggiungere la meta ci vorrà tempo: dovrete scontrarvi con numerosi ostacoli, superare tempeste e stare in balia del mare senza riuscire a dominarlo, il tutto tanto affascinante quanto spaventoso. L'importante però è arrivare alla fine, alla vostra destinazione finale, al vostro obiettivo. E lì troverete un tesoro importante. Un forziere pieno di un sacco di soldi. I vostri soldi, sì, avete capito bene! Sono quelli che vi siete impegnati a mettere via e ad investire per tanto tempo, con costanza e sacrifici, e che hanno maturato interessi composti, quindi sono aumentati in maniera esponenziale. Questi soldi vi garantiranno una libertà e una sicurezza che neanche immaginavate e soprattutto potrete mantenere lo stesso stile di vita di prima o addirittura migliorarlo.
Non serve necessariamente pensare a viaggi lunghi di oltre trenta anni. Ma l'importante è non stare lì, fermi a guardare che tutto passi davanti ai nostri occhi. Servono sacrificio, pazienza, costanza. Bisogna agire, e farlo prima possibile. Anche se sembra lontana, la vostra pensione inizia oggi con le scelte finanziarie che fate.

Qui di seguito vi lascio un link[1] molto utile, per visualizzare una previsione indicativa di quando potrete andare in pensione, in modo da capire quanto sarà fondamentale nella vostra vita fare le giuste scelte ed essere pazienti per costruirvi un capitale. Se, come me, non avete intenzione di lavorare fino a 70 anni, scrivetemi in modo che possa darvi un concreto aiuto a compiere i primi passi del vostro percorso o migliorare quello esistente.

Ora vi chiederete come siamo arrivati ad una situazione pensionistica e di difficoltà economica o di risparmio così grave. Nel prossimo paragrafo vi spiegherò alcuni concetti molto importanti e, in modo semplice, alcuni dei fattori che hanno portato all'attuale situazione.

---

1 Epheso. *Calcola la tua pensione*. Consultato il 16 febbraio 2024.
https://test.epheso.it/EasyPensDiff/_EphesoInterno/default.aspx

3.2 - IL PROBLEMA DEMOGRAFICO - LONGEVITY RISK

Riprendiamo il discorso Pensione. La vera domanda è la seguente: come siamo arrivati a trovarci in una situazione così allarmante? Cosa è cambiato negli anni?

Molti dei nostri problemi, tra cui la pensione e la vita della terza età, sono da attribuire al calo demografico, ovvero ad un deciso allungamento della vita, a fronte di una sempre più carente natalità. L'Italia è il secondo Paese al mondo per longevità, dietro al Giappone, e poco sopra alla Germania. Significa che siamo un Paese vecchio, viviamo più a lungo ed è una cosa positiva per certi versi, ma per altri proprio no. Ad esempio, bisogna fare i conti con il problema della non autosufficienza di cui abbiamo parlato in precedenza. Si vive più a lungo, ma spesso, dopo una certa età, si vive nella malattia, nel disagio, nella sofferenza e in condizioni a volte tragiche. A ciò si aggiunge che i pensionati, vivendo più a lungo, percepiscono la pensione per molto più tempo rispetto ad una volta e, di conseguenza, lo Stato deve dedicare per più tempo risorse economiche allo stesso pensionato.

Di seguito vi lascio un altro link[2] dove potete facilmente vedere come è cambiata la demografia e come cambierà negli anni che ci aspettano, ed inoltre vi invito ad andare su YouTube, e cercare il monologo di Crozza "sulle pensioni e la busta arancione".

2

Piramidi della popolazione del mondo dal 1950 al 2100. Consultato il 16 febbraio 2024. https://www.populationpyramid.net/italy/2024/

Nel 2030 (cioè fra soli 6 anni) più del 50% degli Italiani sarà sopra i 65 anni!

Insomma, ci sono sempre più pensionati, che vivono più a lungo, spesso in condizioni di gravi difficoltà e che pesano, e sempre più peseranno, sul sistema pensionistico e su quello sanitario. Ci sono sempre meno giovani a sorreggere l'economia del Paese e l'innovazione, giovani che entrano nel mondo del lavoro sempre più tardi, versando così sempre meno contributi nelle casse statali. Sono contributi che servono a pagare le pensioni e a tenere in piedi il sistema pensionistico italiano (sistema a ripartizione). Se in più a questa pozione aggiungiamo un pizzico di lavoro sommerso, e aggiungiamo che da otto anni consecutivi, in Italia, il tasso di natalità è ai minimi storici, ecco fatto il misfatto!
Oltre all'invecchiamento della popolazione, tale scompenso è causato anche da altri fattori:

- Pensioni troppo generose: nel passato il sistema pensionistico era basato sul metodo retributivo. In parole povere la pensione veniva calcolata con parametri molto generosi rispetto ai contributi versati dai lavoratori, per non parlare delle baby pensioni (si andava in pensione dopo 14 anni, 6 mesi e 1 giorno di servizi utili!).

- Riforme pensionistiche incomplete e poco efficaci a risolvere il problema di fondo. Ancora pochissime iniziative per sostenere le famiglie ed aumentare il tasso di natalità o per l'immigrazione controllata, al fine di reintrodurre nuova manodopera.

- Sistema pensionistico a ripartizione: i contributi versati dai lavoratori vengono utilizzati per pagare le pensioni. Nel giro di 20 anni, siamo passati da tre lavoratori ad un lavoratore per ogni pensionato, e sarà sempre peggio come potrete vedere nel link del sito che vi ho lasciato prima.

Affrontare questa sfida richiede decisioni politiche difficili, per garantire la sostenibilità del sistema pensionistico e la sicurezza finanziaria delle future generazioni. Si stima che l'anno zero per il nostro sistema pensionistico sia proprio il 2030. Cosa vuol dire anno zero? Vuol dire che, se non cambieranno continuamente i metodi di calcolo delle pensioni o il funzionamento del sistema, si arriverà ad un punto di collasso, con la possibilità che vengano notevolmente ridotte le pensioni o addirittura cancellate in alcuni casi.

Per questo motivo è necessario contare solo sulle proprie forze e fare poco affidamento sugli aiuti dello Stato. In vent' anni è cambiato poco o niente e in più, l'Italia è uno dei pochi Paesi europei dove gli stipendi sono fermi a trent' anni fa, nonostante il costo della vita sia notevolmente cresciuto nel tempo. Come fare? Molte utili soluzioni verranno proposte alla fine del manuale. In modo più pratico, dovete iniziare a mettere da parte dal 20 al 30% del vostro stipendio e dedicarlo completamente a piani di accumulo o fondi pensione. Questi possono aiutarvi a ridimensionare i vincoli statali e a non dover dipendere necessariamente dall'età pensionabile, stabilità per legge: dovete cercare di non essere in balia di scelte che non dipendono direttamente da voi. Voglio essere chiaro con voi che mi state leggendo: se non ci si informa e nulla si fa per risolvere questo enorme problema, vi potreste trovare prima o poi in grossa difficoltà ed io mi troverò ad aiutarvi a ridurre debiti e spese mensili, invece che aiutarvi a risparmiare e a guadagnare ancora di più per vivere serenamente.

Per quanto mi riguarda i soldi non fanno la mia felicità. Ma sicuramente, con le entrate che mi sono creato nel tempo e con quello che sono riuscito ad accantonare, posso vivere una vita serena e senza pensieri. I soldi sono solo uno strumento per una vita tranquilla, senza l'ansia di dover pagare una bolletta, senza dover far debiti per comprare una macchina o un bene qualunque.

Dovreste domandarvi: "Quanto devo aver messo da parte e quanto voglio guadagnare mensilmente per non avere pensieri?".
Datevi la risposta e potrete cominciare a fare una attenta programmazione. Prima di farla in modo concreto, è necessario sapere quali sono le vostre spese annuali. Così si potrà stabilire effettivamente come potrete agire, perché possiate crearvi un capitale o delle entrate che vi consentano di essere finanziariamente liberi.
Andando più nello specifico, sapete come vengono calcolate attualmente le nostre pensioni?
Procediamo e vediamolo assieme.

3.3 - IERI E OGGI A CONFRONTO - RETRIBUTIVO VS CONTRIBUTIVO

Come vengono calcolate oggi le pensioni in Italia? Abbiamo accennato prima al sistema in vigore fino a qualche anno fa, cioè quello **retributivo**. La pensione veniva calcolata facendo una media degli stipendi ricevuti negli ultimi anni prima della pensione. Converrete con me che era un sistema molto vantaggioso, dal momento che negli ultimi anni lavorativi lo stipendio raggiunge i massimi sia per anzianità, sia per i premi previsti, per straordinari e molto altro.
Dopo numerose riforme, ora ci troviamo in una situazione completamente diversa.
Per calcolare la pensione, si utilizza il metodo **contributivo**, che prende in considerazione tutti i contributi che avete versato, dal primo all'ultimo giorno di lavoro. I primi stipendi normalmente sono più bassi e tendono a crescere nel tempo, così come i contributi che verserete allo Stato, per poi vederli FORSE restituiti una volta pensionati. Dobbiamo anche tenere conto di un altro fattore. Oggi si entra nel mondo del lavoro molto più tardi rispetto ad una volta. Ed inoltre, durante il corso della vita lavorativa si cambiano molti lavori nella maggior parte dei casi, spesso creando dei buchi contributivi che, se ripetuti, incidono sempre più pesantemente sul montante finale. Per rendere meglio l'idea del funzionamento del sistema contributivo immaginate una montagna coperta di candida neve. Dalla vetta fate rotolare una palla di neve, che all'inizio è piccola, poi continuando a rotolare, diventa sempre più grande fino a che si ferma, a valle: quello sarà il montante su cui verrà calcolata la nostra pensione. Immaginate ora di essere in cima alla montagna e di far rotolare una palla di neve già enorme. Questa palla gigante era il montante su cui veniva calcolata la pensione col metodo retributivo (pensione dei nostri nonni, per intenderci).

E i nostri genitori? Loro andranno in pensione con un **sistema misto**. Metodo retributivo fino al 1996, contributivo dal 1996 a quando andranno in pensione. Insomma, con una palla di neve abbastanza grande da permettere uno soddisfacente stile di vita. Questo montante accumulato negli anni (*pensione obbligatoria*) viene poi moltiplicato per un numero stabilito dallo Stato e vedremo di cosa si tratta nel prossimo paragrafo.

3.4 - IL COEFFICIENTE DI CONVERSIONE

Questo numero si chiama coefficiente di conversione, ed è strettamente collegato al problema demografico. Avete capito bene. Si tratta di un numero che serve per trasformare i contributi versati nell'età lavorativa, in una rendita, che verrà corrisposta mensilmente (la pensione). Questo coefficiente, si abbassa sempre di più ed è inversamente proporzionale all'aumentare dell'età media in Italia. Significa che a mano a mano che l'età media in Italia cresce questo numero diminuisce sempre di più ogni due anni.

Vuol dire che non potrete mai sapere oggi, con certezza, né quando né con quale retribuzione andrete in pensione. Se avete utilizzato il link che vi ho lasciato nelle pagine precedenti, avrete visto una previsione calcolata col coefficiente di conversione del 2024: non si può sapere oggi quanto ci spetta di pensione. Dipende tutto da questo coefficiente. (Esempio: coefficiente nel *2014* = 0,06136 / coefficiente nel *2023* = 0,05234).
Sfruttiamo come strumento la matematica per vedere nel concreto di cosa stiamo parlando.

Immaginiamo una persona di 65 anni che decideva, nel 2014, di andare in pensione. Immaginiamo per comodità che questa persona avesse accumulato e versato nel corso della sua vita lavorativa circa 100.000 € di contributi. Se moltiplichiamo 100.000 € x 0,06136, la pensione era pari a 6.136 € all'anno per ogni 100.000 € di contributi versati.

Ora immaginiamo la stessa persona di 65 anni, nel 2023, con gli stessi 100.000 € di contributi versati. Moltiplichiamo 100.000 € x 0,05234 e vediamo che la sua pensione è pari a 5.234 € per ogni 100.000 € di contributi versati. Quasi 1.000 € in meno di pensione in 10 anni per ogni 100.000 € versati di contributi! Se guardiamo il coefficiente odierno del 2024 è ancora più basso!

Per darvi un'idea concreta, ipotizzando che voi abbiate uno stipendio di 1.500 € al mese, oggi le stime sulla vostra pensione sono quelle di lavorare fino a 73 anni, per andare in pensione con circa 1.200 € di pensione. Se voleste andarci prima, come ad esempio a 63 anni, il vostro **tasso di sostituzione** sarà pari al 55%. Ciò vuol dire che andrete in pensione con 825 € al mese, se le previsioni resteranno quelle odierne (2024).

Che guadagniate 1.000 € al mese, 2.000 o 10.000, questo scompenso tra ultimo stipendio e la pensione sarà enorme comunque. Quindi, se non fate delle scelte corrette e consapevoli oggi, vi troverete davvero in enorme difficoltà in futuro.

Cosa fare e come muoversi quindi? Vediamolo nel prossimo paragrafo.

3.5 - SOLUZIONI PRATICHE PER COMINCIARE - TFR E CONSIGLI

Siete un lavoratore dipendente? Molto bene. Non lo sapete ma siete già più fortunati di me. Perché? Perché potete aderire alla **pensione complementare**. La vostra azienda, in questo momento, sta già mettendo da parte, o almeno dovrebbe farlo, il TFR (Trattamento di Fine Rapporto). Dico *dovrebbe* perché spesso le aziende utilizzano il vostro TFR, prendendolo a prestito per fare acquisti, senza effettivamente accumularlo. Chiusa questa piccola parentesi, la prima cosa utile da fare per la vostra pensione, intanto, è non toccare mai questo fondo fino alla vostra effettiva pensione, a meno che non sia veramente necessario. Come seconda cosa, potete spostare il TFR, destinandolo ad un fondo pensione privato. I vantaggi sono plurimi:

- **Il più significativo è il vantaggio fiscale finale**: nel fondo pensione le tasse che dovrete pagare al raggiungimento della vostra pensione sono nettamente inferiori rispetto al vostro TFR tenuto in azienda. Pagherete un'aliquota finale del 15% e, passati i quindici anni nel fondo, questa tassazione inizia ad abbassarsi, fino ad arrivare ad un minimo del 9%, contro un'aliquota crescente dal 23% al 43% (le vedremo nei prossimi paragrafi) prevista al momento della liquidazione, se il vostro TFR è in azienda. Inoltre, se avete un fondo di categoria, sappiate che a prescindere, qualora prendiate accordi col vostro datore di lavoro, anche nel fondo pensione privato vigono le stesse identiche regole. Lo Stato incentiva i fondi pensione per il beneficio fiscale, penalizzando però i riscatti anticipati, che sono comunque previsti in alcuni casi da subito e, in altri casi, passato l'ottavo anno dalla data di adesione.

- **Eliminare il rischio azienda**: chi vi garantisce che l'azienda per cui lavorate sia davvero solida e pronta ad affrontar gli imprevisti che il mondo può riservare? Spostando il TFR in un fondo, l'azienda si obbliga a versarlo, e questo significa per voi che, se mai dovesse fallire, non rischiereste di vedere il vostro TFR andare in fumo in men che non si dica. Inoltre, il datore si libera di un costo pari a quasi 200 euro all'anno per ogni dipendente della propria azienda che aderisce ad un fondo pensione. Infatti, il Fondo di Accantonamento TFR è una passività dello Stato Patrimoniale aziendale.

- Se cambiate lavoro e avete il TFR in un fondo pensione, non dovete necessariamente liquidarlo. Basterà comunicare il cambio del vostro datore di lavoro, evitando così di pagare la tassazione sulla liquidazione (quella che accennavo prima dal 23% al 43% in base allo scaglione IRPEF).

- Il TFR in un fondo pensione può guadagnare interessi molto più elevati nel lungo periodo, rispetto a quelli di rivalutazione previsti per legge (1,50% + 75% dell'inflazione), soprattutto se viene inserita nei fondi una buona percentuale azionaria.

- Evitare assolutamente di toccare i soldi del vostro TFR. Anche se previsto nel decreto legislativo 252/2005 che possiate, in alcuni casi, avere in anticipo una parte o tutto il TFR, è FONDAMENTALE NON FARLO, altrimenti viene meno l'obiettivo del TFR stesso, cioè quello di garantirvi un capitale finale extra al momento del pensionamento.

Aderire ad un fondo pensione, spostando il vostro TFR, può aiutarvi a ridurre il divario che ci sarà tra il vostro ultimo stipendio da lavoratore e il vostro primo cedolino della pensione, ma non basterà comunque a farvi mantenere il tenore di vita a cui eravate abituati prima.

Devo, pertanto, mettervi davanti alla realtà dei fatti e rendervi consapevoli. Avere un fondo col proprio TFR non basta. Siete fortunati sì, rispetto ad un lavoratore autonomo, ma non è sufficiente a farvi mantenere il vostro tenore di vita in futuro. Dunque, il mio consiglio è quello di provvedere attraverso una **pensione integrativa.**
Oltre a spostare il vostro TFR, dovreste iniziare, con un piano di accumulo di lunga durata, ad accantonare dal 20 al 30% del vostro stipendio, o anche di più in base alla vostra capacità di risparmio. Questo vi consentirà di risparmiare in modo attivo, guadagnando interessi annuali che vi permetteranno sia di accumulare delle somme che possono tornarvi utili in futuro, sia di mettere da parte un capitale da poter sfruttare o su cui guadagnare ulteriormente, tramite gli interessi che maturerete annualmente. Questo accurato ed oculato risparmio, direttamente dai vostri sforzi giornalieri, mensili, annuali, potrà garantirvi una libertà finanziaria enorme, ed una sicura integrazione alle mancanze che avrete, una volta raggiunta la pensione.
Una volta costruito un capitale, si potrà pensare di investirlo. Anche se avete già della liquidità, potrete decidere di iniziare a farla crescere nel tempo. Ve ne parlo nel paragrafo successivo.

Nella legge di bilancio odierna (2026) ci sono delle importanti novità. Infatti dal 1°Luglio 2026, per i lavoratori dipendenti del settore privato, è prevista l'adesione automatica al fondo pensione contrattuale all'assunzione, salvo scelta diversa del lavoratore entro 60 giorni. Non potrà più essere tenuto in azienda il TFR. Quindi predici dentro subito e prendi tu la decisione invece che lo facciano per te. Scegliere un buon fondo pensione e informarsi è fondamentale!

CAPITOLO 4
GLI INVESTIMENTI

4.1 - COSA VUOL DIRE INVESTIRE - MENTALITA'

Cosa vuol dire **INVESTIMENTO**? Investire i propri soldi significa impiegare una certa quantità di denaro, in una attività o in una opportunità, che si prevede possa nel tempo generare un ritorno finanziario. Chiaro è che per investire bisogna disporre già di una somma più o meno considerevole, per poter crescere finanziariamente ed economicamente. Bisogna aver già pensato e sistemato i primi step della piramide con gli argomenti trattati fino ad adesso. L'investimento, infatti, se osservate attentamente la pagina che avete strappato inizialmente, è situato in alto, sulla punta della piramide. Senza i due livelli sotto, spesso risulta superfluo fare investimenti, perché in caso di emergenza sareste purtroppo costretti a dover recuperare le somme investite, rischiando di far venir meno l'obiettivo che vi eravate prefissati.

L'obiettivo principale degli investimenti è quello di far crescere il capitale iniziale, attraverso la generazione di interessi, dividendi, oppure apprezzamento del valore degli asset acquistati. In sintesi si tratta di far lavorare al nostro posto i soldi, maturando interessi, aprendo una propria attività, acquistando un bene materiale o immateriale, esponendosi a più o meno rischi. Quando si investe è fondamentale:

- avere **OBIETTIVI CHIARI**. Un po' come quando si comincia un piano di accumulo o un piano di risparmio. Perché volete investire i vostri soldi? Che obiettivo avete e in quanto tempo volete raggiungerlo? È fondamentale analizzare bene questi aspetti.

- Investire richiede tempo. È fondamentale l'**ORIZZONTE TEMPORALE**. Non aspettatevi guadagni immediati. Più siete disposti a investire a lungo termine, maggiori sono le opportunità di crescita. Iniziate a sistemare il futuro, poi pensate a qualche soluzione per guadagnare o risparmiare nel breve termine.

- **VALUTARE IL RISCHIO**: ogni investimento, finanziario o assicurativo o immobiliare che sia, possiede un grado di rischio. Bisogna valutare con attenzione la propria capacità di sostenere anche delle perdite. Per questo bisogna avere nervi ben saldi e possedere una mentalità adeguata. Ricordiamoci sempre che non siamo noi a comandare i mercati, sono i mercati che influenzano noi e bisogna essere bravi ad assecondarli, restando mentalmente lucidi. Investimenti più rischiosi possono dare grossi rendimenti, ma possono anche comportare, per alcuni periodi di tempo, delle perdite significative. Perciò dovete essere in grado di tollerarle. Dopo ogni tempesta sorge sempre il sole.

- **DIVERSIFICARE**: è la base di ogni portafoglio investimenti. MAI METTERE TUTTE LE UOVA NELLO STESSO CESTO quando si va al mercato, perché è facile romperne parecchie. Diversificate, dunque, settori, tipologia di investimento, mercati. Se avrete un portafoglio diversificato, limiterete anche il rischio, quindi diventa fondamentale collocare le proprie risorse su asset diversi (alcuni li vedremo più avanti). In questo modo, se alcuni dovessero andare a ribasso, potreste compensare con altri a rialzo.

- **MONITORATE e ADEGUATE** gli investimenti: se vi affidate a qualcuno, risolvete il problema. Sarà il vostro consulente a chiamarvi per valutare le performance degli investimenti, per vedere se sono in linea con gli obiettivi prefissati ed eventualmente a dirvi se è necessario apportare qualche modifica, in base al momento in cui ci si trova o all'andamento del mercato.

- **MAI fare di testa propria**. Nel 90% dei casi, le persone che investono senza farsi seguire perdono tutto il loro capitale o si trovano a consolidare ingenti perdite. Fatevi seguire da qualcuno che sappia quello che fa e non fatevi ingannare dalla classica chiamata telefonica di trading, o da altre promesse, con rendimenti settimanali a doppia cifra su criptovalute o, ancora, strani investimenti dai facili e rapidi guadagni, in quel di Dubai. Investire fa parte di una strategia finanziaria più ampia, cioè quella discussa fino a questo momento nelle pagine precedenti. Deve essere tutto in equilibrio e gestito alla perfezione. Questo non significa che sia sbagliato avere delle percentuali di investimento anche in asset che possano dare un rendimento immediato con una pianificazione tattica, ma affidatevi ad un vero professionista.

- **STUDIATE E FORMATEVI** di continuo. Oppure affidatevi a chi lo fa per voi. Il mondo degli investimenti è sempre più complesso e in continua evoluzione. Negli ultimi cinque anni stiamo vivendo in un mondo in continua e rapida evoluzione. È quindi necessario essere sempre informati e al passo con le strategie per cogliere ogni opportunità. Se decidete di affidarvi a qualcuno, valutate la sua storia, la sua credibilità, le sue esperienze, l'azienda che ha alle spalle e soprattutto ASCOLTATELO, se vi dà dei consigli.

Vediamo alcuni asset di investimento finanziario che dovreste conoscere o almeno sapere cosa siano.

4.1.1 - LE AZIONI

Cosa sono?
Sono una parte di proprietà di un'azienda. Investire in Azioni, vuol dire investire in una piccola parte dell'azienda che ha emesso quelle azioni per finanziarsi. Diventate quindi azionisti e potete beneficiare dei profitti dell'azienda, sotto forma di **dividendi** (una sorta di pagamento agli azionisti) o guadagnare dall'aumento del valore delle azioni stesse. Ovviamente potrete anche perdere, se ragionate a breve termine. Per questo motivo diversificate, allargate l'orizzonte temporale e seguite i miei consigli.

4.1.2 - LE OBBLIGAZIONI

Sono titoli di debito emessi da governi (Stati), aziende o enti. Entrare in possesso di obbligazioni, significa prestare i vostri soldi a chi emette questi asset. Il rendimento di norma è più stabile, sono elementi meno volatili rispetto alle azioni solitamente. Ma non sempre è così. Quindi torna sul concetto di diversificazione.

4.1.3 - FONDI COMUNI DI INVESTIMENTO

Sono dei fondi che contengono già grosse quantità di azioni e obbligazioni. Quindi, investire in questo asset significa comprare una piccola fetta del portafoglio investimenti, di questi fondi, una piccola fetta di portafoglio già diversificato e amministrato da gestori professionisti.

4.1.4 - TITOLI A REDDITO FISSO

Sono asset che generano un flusso di reddito regolare e prevedibile, spesso stabile. Comprendono obbligazioni, certificati di deposito e titoli del tesoro.

4.1.5 - STRUMENTI ALTERNATIVI

Possono includere Hedge Fund, materie prime come oro e petrolio, immobili o strutture di investimento. Gli investitori li considerano solitamente per diversificare ulteriormente il loro portafoglio cercando rendimenti alternativi.

CAPITOLO 5
LE PRINCIPALI TERMINOLOGIE CHE DEVI CONOSCERE QUANDO SI PARLA DI INVESTIMENTI

5.1 - LA VOLATILITA'

Cos'è la volatilità di un investimento?
È l'oscillazione del valore di quell'investimento nel tempo. Vuol dire che si può guadagnare o perdere in egual misura. Immaginate di essere in barca, in mare aperto. Il mare è calmo, piatto e limpido. La barca scorre veloce e leggera sull'acqua. Ad un certo punto comincia ad alzarsi il vento, si alzano le onde, e poi arriva un temporale e poi di nuovo il sereno. La barca oscilla, viene scossa dalle onde e portata fuori rotta a tratti. La barca è il vostro investimento e oscilla in base a come si muovono i mercati, e può guadagnare salendo e assecondando le onde, o perdere quando scende giù. Un investimento più volatile ha il potenziale per guadagni più alti, ma anche per perdite più significative. La scelta dipende dalla vostra tolleranza al rischio e dagli obiettivi finanziari che vi siete posti, programmando la vostra crescita. Come sfruttare la volatilità di un investimento?
Vi faccio questa domanda. Immaginate un oggetto che desiderate tanto, ma che ha un prezzo elevato. Lo comprerete a prezzo pieno o aspetterete i saldi?
Lo stesso vale con gli investimenti. Il fatto che voi possiate perdere una parte del capitale investito fa parte del gioco dei mercati. Ma, quando i mercati sono in ribasso, quello è un ottimo momento per comprare e quindi investire ulteriormente, perché ci sono i SALDI!
Se poi avete un orizzonte temporale ben chiaro davanti a voi, rispettatelo e seguite con serenità il mercato, senza farvi prendere dall'ansia. Non smetterò mai di ripeterlo: avere obiettivi chiari e costanza nel perseguirli, fa la differenza tra i vincenti e i perdenti.

5.2 - L'INFLAZIONE

Premetto che potrei aprire molte argomentazioni sull'inflazione. Ci troviamo in un momento storico in cui le politiche economiche, sostenute dalle banche centrali e le situazioni geopolitiche sono in evoluzione e mutamento continui. Cercherò di semplificare il concetto, mentre gli approfondimenti li terrò per quando ci incontreremo di persona. Veniamo dunque al punto. Cosa è questa inflazione di cui sentiamo spesso parlare?

L'inflazione è come una specie di "mostro dei prezzi" che fa salire il costo delle cose nel tempo. Quando c'è da vendere, i soldi che avete oggi potrebbero non comprare la stessa quantità di cose in futuro, perché tutto diventa più costoso. Questo elemento della finanza lo vediamo tutti i giorni, quando andiamo a fare la spesa al supermercato o quando beviamo un caffè al bar.
Nel 2020 bere un caffè al bar costava ai consumatori dai 90 centesimi all'euro e 10 centesimi. Oggi costa 1 euro e 30 centesimi. Quindi, se prendessimo la macchina del tempo oggi e tornassimo al 2020, con 1 euro e 30 centesimi avremmo comprato più di un caffè.
L'inflazione abbiamo detto che agisce dunque sul potere di acquisto della moneta stessa, facendo diminuire continuamente il suo valore reale. Pertanto, tenere soldi fermi sul conto corrente della banca o sotto al materasso è una buona mossa da attuare? La risposta è NO. ASSOLUTAMENTE NO.

Ora vi spiego i motivi:

1. I soldi fermi sul conto o sotto al materasso si svalutano proprio a causa dell'inflazione; quindi, non manterrete il potere d'acquisto della moneta;

2. Rendimento basso o nullo: i conti correnti generalmente offrono tassi di interesse nulli o veramente bassi che spesso non riescono a compensare l'azione dell'inflazione. Se poi aggiungiamo i costi del conto corrente, che sono in media dai

90 ai 180 euro all'anno, abbiamo fatto fare bingo alle banche, di certo non a noi;

3. Perdita di opportunità: tenendo fermi i soldi, perdete l'opportunità di poter guadagnare mediante l'investimento degli stessi generando dei rendimenti. Ipotizzate di avere 10.000 € fermi nel conto corrente, supponendo, per assurdo, una inflazione del 2% fissa negli anni. Il vostro potere di acquisto calerà quindi del 2% tenendoli fermi (-200 € ogni anno in cui li tenete fermi). Ipotizziamo ancora che, investendo questi soldi, possiate guadagnare un 4% ogni anno, realizzando quindi un guadagno di 400 €. Il costo dell'opportunità che avete perso è quindi duplice (- 200 € - 400 € = - 600 €) per un totale del - 6 % ogni anno;

4. Mancanza di diversificazione che è la base di tutti gli investimenti;

5. Rischio sicurezza: sebbene i depositi sui conti siano generalmente garantiti fino ad un certo importo (non è sempre così) dal fondo interbancario, ciò non significa che il rischio di frodi o violazione della sicurezza sia assente, soprattutto in un'epoca digitalizzata, in cui gli attacchi Cyber e Hacker sono sempre più in aumento. Lo vediamo ogni giorno regolarmente nella nostra mail e nei nostri sms e giornalmente ci capita di sentire parlare di truffe o "phishing".

Con una buona pianificazione, risparmiare e investire i vostri soldi nel tempo, può sconfiggere l'inflazione attraverso gli interessi guadagnati e il ruolo fondamentale viene giocato dalle basi che vi ho elencato nelle pagine precedenti, consulente compreso.

La nostra silente maestra, e cioè la Storia, ci insegna che nel medio-lungo periodo i mercati azionari battono l'inflazione di gran lunga, dando enormi soddisfazioni. Mettere i propri soldi in strumenti finanziari o assicurativi può aiutare a far aumentare il denaro, mantenendo inalterato il valore della moneta o addirittura superando l'inflazione, che è a tutti gli effetti una tassa e una perdita certa.

Citando il grande Ugo Tognazzi "L'inflazione è essere poveri con tanti soldi in tasca". Non esiste frase più esemplificativa per spiegare questo fenomeno che, soprattutto negli ultimi tempi, fa parte della scacchiera economica presente, ha preso un posto nella scacchiera economica del passato e sicuramente farà parte anche di quella del futuro.

5.3 - L'INTERESSE NOMINALE E L'INTERESSE REALE

L'inflazione, come ho spiegato, agisce in maniera attiva anche sugli investimenti ed è un fattore fondamentale per calcolare l'effettivo guadagno di potere d'acquisto degli stessi.

Infatti, quando qualcuno vi promette rendimenti interessanti, sappiate che sta parlando sempre del **tasso di interesse nominale**, che indica il prezzo effettivo della moneta. Bisogna tenere conto invece del **tasso di interesse reale**. Facciamo un esempio. Se investite 10.000 euro al tasso nominale del 4%, il vostro guadagno di interessi annuale sarà di 400 euro. Il tasso reale però è un valore differente e viene calcolato tenendo conto dell'inflazione presente in quel preciso momento, più precisamente sottraendo al tasso di interesse nominale l'inflazione stessa. Ipotizzando un'inflazione al 4%, l'<u>interesse reale</u> sarà pari a 0. Se l'inflazione fosse al 2% il tasso di interesse reale sarebbe del 2% e così via. Bisogna stare attenti a questi fattori per calcolare bene l'effettivo rendimento dell'investimento, ma soprattutto, cercare di investire per ottenere risultati superiori all'inflazione, in modo da aumentare il potere d' acquisto della moneta, seguendo le precise indicazioni date precedentemente. Sul mercato ci sono tanti asset interessanti. Esistono persone ed Enti che offrono rendimenti straordinari e "garantiti", ma di garantito non esiste quasi nulla e neanche il guadagno facile. Investire richiede sacrificio, lungimiranza e costanza. Se tenete a mente queste tre parole, avrete enormi soddisfazioni in tutti gli ambiti della vostra vita.

Un' altra differenza importante da conoscere è quella tra interesse semplice e interesse composto. Vediamola assieme nel prossimo paragrafo.

5.4 - L'INTERESSE SEMPLICE E L'INTERESSE COMPOSTO

L'interesse semplice funziona in questo modo. Ipotizzate di investire 10.000 € che frutteranno un interesse del 5% in un anno. Il vostro guadagno sarà di 500 € il primo anno. Il secondo anno guadagnerete ancora il 5%, altri 500 € che verranno quindi calcolati sempre sulla cifra inizialmente investita, indipendentemente dalla durata dell'investimento. Otterrete quindi una crescita lineare del vostro capitale.

L'interesse composto, invece, funziona in maniera completamente diversa. Il tempo è la variante che fa veramente la differenza. Ipotizzate di investire gli stessi 10.000 € che matureranno un interesse del 5% il primo anno.
Il capitale passerà dunque a 10.500 €. Il secondo anno, guadagnerete un ulteriore 5%, che verrà però calcolato non più sulla somma inizialmente investita, e cioè i 10.000 €, ma su 10.500 €.
L'interesse, dunque, verrà calcolato sia sulla cifra inizialmente investita sia sull'interesse maturato ogni anno, permettendo al vostro capitale di crescere in modo esponenziale nel tempo.

Facciamo un esempio nella seguente tabella ipotizzando appunto un investimento di 10.000 €. Immaginate come può agire su somme più consistenti come ad esempio 100.000 € o più.

Ecco la tabella ipotizzando un investimento di 10.000 euro con un tasso di interesse del 5% all'anno per un periodo di 10 anni:

ANNO	INTERESSE SEMPLICE	CAPITALE TOTALE (INTERESSE SEMPLICE)	INTERESSE COMPOSTO	CAPITALE TOTALE (INTERESSE COMPOSTO)
1	500	10.500	500	10.500
2	500	11.000	525	11.025
3	500	11.500	551,25	11.576,25
4	500	12.000	578,81	12.155,06
5	500	12.500	607,75	12.762,81
6	500	13.000	638,14	13.401,95
7	500	13.500	670,05	14.074
8	500	14.000	703,55	14.780,55
9	500	14.500	738,73	15.523,28
10	500	15.000	775,66	16.303,94

Ci stiamo avviando verso la conclusione di questo percorso base. Trattando di temi molto delicati, ma soprattutto del risparmio, non posso non parlarvi del risparmio fiscale. È un altro ramo molto importante della pianificazione finanziaria e assicurativa, che troviamo principalmente nel secondo step della piramide delle esigenze e possiamo ricollegarlo al tema TFR e pensione.

Se vi domandassi se siete contenti di pagare tasse continuamente e ogni anno sempre più onerose, la vostra risposta quale sarebbe? La conosco già. Per questo motivo tenete alta l'attenzione, perché sto per spiegarvi **come potete ogni anno risparmiare sulle tasse!**

Partiamo col prossimo concetto.

CAPITOLO 6
LA FISCALITA'

6.1 - L'IRPEF - COSA È, COME SI CALCOLA, FACCIAMO UN ESEMPIO.

Cos'è e come si calcola?

IRPEF sta per "Imposta sul reddito delle persone fisiche". È appunto una imposta che il Governo italiano riscuote sul reddito di ogni individuo, cioè delle persone come me e come voi, che guadagnano un reddito da lavoro o altre fonti.

È un'imposta che funziona in modo progressivo, il che significa che più si guadagna, più si paga.

L'IRPEF è suddivisa in "aliquote" che rappresentano ognuna la percentuale di tasse che pagherete in base al vostro reddito.

Il reddito è suddiviso a sua volta in "scaglioni".

Vediamoli assieme:

SCAGLIONI	ALIQUOTE (2026)
Da 0 a 28.000 euro	23,00%
Da 28.000 euro a 50.000 euro	33,00%
Oltre i 50.000 euro	43,00%

Come si calcolano le tasse da pagare?

Arrotondiamo le cifre.

Ipotizziamo che abbiate un reddito lordo di 60000 €. Dovrete calcolare il 23% fino ai primi 28.000 €, il 33% sulla differenza tra 50.000 € e 28000 € e il 43% sulla differenza tra 60.000 € e 50.000 €

(28.000 x 23%) + (22.000 € x 33%) + (10.000€ x 43%) = 18.000 €

***ci sono da aggiungere e potete trovarle su Internet le addizionali regionali e comunali.**

Prestate attenzione, perché questo metodo di calcolo viene applicato sia ai lavoratori dipendenti, sia ai lavoratori autonomi in regime ordinario.

Per i lavoratori autonomi in **regime agevolato,** invece, sono in vigore delle regole differenti.

Questo regime, infatti, ha delle notevoli agevolazioni per chi inizia attività autonome e apre partita Iva. Infatti, questo regime prevede che fino a 85.000 € di fatturato, si pagheranno tasse per i primi cinque anni ad un'aliquota fissa del 5%, da calcolare su una percentuale del fatturato in base all'attività svolta (nel mio caso sul 78%).

Poi questa aliquota passerà al 15%, comunque bassa rispetto alle aliquote IRPEF presenti, come abbiamo visto.

Inoltre, si può richiedere anche la riduzione dei contributi INPS inizialmente, in alcuni casi. Questo vi consentirà di farvi un'idea più precisa dell'attività che svolgerete, potendo indirizzare verso altre tipologie di risparmio la differenza tra i contributi pieni e la riduzione.

Non potrete scaricare spese di nessun tipo, ma l'agevolazione sulle tasse è notevole e questo regime vi consentirà di mettere da parte davvero tanti soldi, se avete testa e se siete seguiti da un professionista che può darvi le giuste indicazioni.

Se invece siete un dipendente o un lavoratore autonomo in regime ordinario, il prossimo paragrafo vi sarà utile per poter risparmiare un po' di tasse extra!

6.2 - COME RISPARMIARE FINO A 2220 € DI TASSE OGNI ANNO

Il metodo è molto semplice. Ce lo fornisce direttamente lo Stato, attraverso un decreto legislativo, più precisamente il 252 del 2005, dove si regolano i fondi pensione, decreto che avevo già citato in precedenza per la questione del TFR.

Lo stesso decreto stabilisce che ogni lavoratore dipendente o in regime ordinario possa effettuare dei versamenti volontari, fino ad un massimo di 5164,57 € annuali, rendendoli **totalmente deducibili** dal reddito. Vuol dire potenzialmente che ogni individuo, in base allo scaglione di reddito di appartenenza (vedi sopra), può risparmiare la sua stessa aliquota IRPEF su tale versamento.

Riprendiamo l'esempio delle pagine precedenti. Avete un reddito di 60.000 € e abbiamo detto che dovrete pagare 18.000 € di tasse in base all'IRPEF. Decidete di aderire ad un fondo pensione, all'interno del quale verserete spontaneamente 5.164,57 € ogni anno. Essendo deducibili, li toglierete, quindi, dai 60.000 €. Così facendo le tasse verranno calcolate non più su 60.000 € ma su 55.000 €. Facendo un breve calcolo, lo Stato vi rimborsa il 43% di 5.164,57 €, cioè circa 2.220 € ogni anno!

Nel frattempo, il vostro versamento di 5.164,57 € maturerà interessi e starete accantonando somme per la vostra pensione.
Insomma, risparmiate in tasse, e mettete da parte per il vostro futuro. Bingo!
Attenzione però che lo Stato dà, ma poi qualcosa toglie. Lo stesso decreto di cui sopra, infatti, prevede che al momento del ritiro di questi soldi, verrà applicata una tassazione che va dal 15% al 9% del capitale versato e circa il 20% sugli interessi maturati.

Al netto delle tasse, visto l'esempio di prima, vuol dire comunque guadagnare attivamente dal 28% al 34% all'anno, un ottimo rendimento fiscale.

Se siete giovani e non avete un'aliquota alta, vi do il consiglio di orientarvi più su un piano di accumulo di lunga durata, perché questo può darvi qualche soddisfazione in più a livello di interessi maturati ed è più flessibile in termini di liquidabilità, rispetto al fondo pensione, che prevede delle casistiche di riscatto anticipate, ma penalizzate.

Ognuno ha i suoi obiettivi, quello che dico prendetelo come un consiglio da fratello maggiore e da professionista. Diventa fondamentale fare un'attenta analisi e capire quali soluzioni siano più adatte a voi e alla vostra situazione economica e lavorativa.

Ora spostiamo l'attenzione sul mondo delle aziende, per un paio di paragrafi. Premetto che darò qualche indicazione di massima, ma ritengo sia fondamentale conoscere certe terminologie e conoscere qualche utile consiglio per massimizzare costi e fiscalità aziendali.

6.3 - IRES E IRAP

IRES Sta per "Imposta sul reddito delle società". Questa imposta tassa i profitti delle società e viene utilizzata dal governo per finanziare una varietà di spese, tra cui infrastrutture e servizi pubblici. È un'aliquota fiscale fissa, pari al 24% che colpisce società ed enti, ed è stata recentemente ridotta, in quanto fino a qualche anno fa era più alta (27,50%). Dunque, se avete una S.r.l. o una S.p.a. e ottenete un profitto di 100.000 €, dovrete pagarne 24.000 di IRES.
IRAP sta per "Imposta Regionale sulle Attività Produttive". Questa imposta, sempre sui profitti, può variare da regione a regione e il denaro ricavato viene utilizzato per finanziare servizi locali. Ogni regione può decidere il proprio tasso di imposta, che varia continuamente, per cui è necessario essere sempre informati. Nel 2024 è del 3,90%.

Oltre a queste tasse specifiche, dovete sapere che se possedete una attività o una azienda e desiderate ritirare gli Utili ottenuti, avrete un'ulteriore tassazione da applicare del 26%. Normalmente, infatti, si tende a non ritirarli, tenendoli in azienda e reinvestendoli.

Diventa quindi fondamentale gestire la cassa aziendale ed inoltre massimizzare il profitto fiscale. Oltre al discorso che affronteremo nel prossimo paragrafo, sottolineo che se avete una società, tutte le coperture di Tutela, delle quali vi ho parlato all'inizio del manuale, possono essere interamente scaricate e dedotte dal reddito aziendale. Un bel vantaggio sia in termini di sicurezza, che di fiscalità. Sto parlando, nello specifico, della copertura infortuni, della copertura per la premorienza e in ultimo, nel caso in cui i soci di una società di capitali fossero anche amministratori che percepiscono compenso, anche delle polizze Long Term Care.

6.4 - COME RISPARMIARE TASSE CON L'AZIENDA - TRATTAMENTO DI FINE MANDATO

Cos'è?

È importante sapere che il TFM (trattamento di fine mandato) è una voce di bilancio che permette importanti posticipi e risparmi sulla tassazione aziendale.

È una riserva che le società di capitali come le S.r.l. (Società a responsabilità limitata) e le S.p.a. (Società per azioni), o le società di persone S.a.s. (Società in accomandita semplice) e S.n.c. (Società in nome collettivo), dovrebbero costruire per i propri amministratori per ricompensarli al termine del loro mandato, una forma di compenso differito per il loro servizio nel momento in cui lasciano l'incarico, un po' come il TFR per i dipendenti.

È uno strumento purtroppo poco conosciuto tra i professionisti che di solito seguono le aziende (commercialisti, consulenti del lavoro, studi associati ecc.) e poco consigliato, nonostante i vantaggi siano molto interessanti:

- Quello principale è il beneficio fiscale: il TFM, infatti, rappresenta una passività per l'azienda, che può essere dedotta ai fini del calcolo dell'imposta sul reddito. Questo riduce quindi l'imponibile fiscale e l'imposta effettiva pagata dalla società. Inoltre, le tasse verranno pagate in modo differito, garantendo all'azienda di tenere quella liquidità e di reinvestirla creando nuove opportunità;

- Attraverso il TFM si incentivano i soci e gli amministratori a tenere alto l'impegno sul lungo periodo, indirizzandoli a prendere decisioni che favoriscano la stabilità e la crescita dell'azienda stessa;

- Su quanto accantonato sotto forma di TFM, non sono dovuti i contributi previdenziali. Questo comporta un forte risparmio contributivo;

- il TFM può essere finanziato utilizzando le risorse della società. I soci, quindi, non devono necessariamente impegnare il proprio capitale personale per finanziarlo;

- protegge i diritti dei soci, compensandoli adeguatamente per il loro lavoro e la responsabilità che ricoprono all'interno dell'azienda;

Ma di quanto risparmio fiscale parliamo? Facciamo un esempio.

Una SRL ha due soci, e ha circa 100.000 € di utili da dividere a metà.

- Se i soci decidessero di darsi 10.000 € in più di compenso, la tassazione sarebbe pari all' IRAP 3,90% + 43% dell'IRPEF + le addizionali regionali e comunali (se presenti). Circa un 50%.

- Se decidessero di prendere dagli utili aziendali 10.000 € a testa, la tassazione sarebbe pari quasi al 48% (IRES 24% + IRAP 3,90% + 26% sugli utili netti).

- Utilizzando il TFM, di un importo pari a 10.000 € ciascuno, pagheranno IRAP + la tassazione separata in base al reddito netto (circa un 35,64 %).

NEL PEGGIORE DEI CASI VUOL DIRE RISPARMIARE UN 10/15% ALL'ANNO.

Ma non è ancora finita. Essendo il TFM interamente DEDUCIBILE, le tasse non verranno più calcolate su 100.000 €, ma su 100.000 € - 20.000 € (TFM), che vuol dire risparmiare circa il 30% subito, su quello che l'azienda versa. Stiamo parlando di 6.000 euro di guadagno immediato (80.000 € x 30%).

Diventa fondamentale, per la prosperità aziendale, utilizzare questi strumenti che anno dopo anno possono contribuire ad una crescita importante.

È sempre e comunque necessario, per limitare le possibilità di controversie con l'Amministrazione finanziaria, ricercare il più corretto equilibrio tra gli utili conseguiti dall'azienda, il compenso in denaro agli Amministratori della società e l'eventuale accantonamento TFM. Il versamento, se previsto in statuto o, successivamente, dall'assemblea, dovrà rispettare quanto più possibile i principi di congruità e ragionevolezza ed è necessaria la data certa, precedente alla nomina dell'amministratore.

Convogliare questa voce contabile in una polizza porta a svariati vantaggi:

> Insequestrabilità e impignorabilità secondo le regole e i limiti previsti nell'art 1923 del Codice civile

> Plusvalenze finanziarie e rivalutazione nel tempo con interessi composti

> Miglioramento del rating creditizio

> Programmazione degli accantonamenti e della liquidazione del TFM salvaguardando l'equilibrio delle finanze aziendali.

CAPITOLO 7
I GIOCHI ECONOMICI

Prima di salutarci, con la conclusione di questo manuale, voglio parlarvi di cinque giochi economici che potete utilizzare, per cominciare a risparmiare attivamente e che, personalmente, ho utilizzato all'inizio del mio percorso. Mi hanno aiutato a diventare più consapevole della gestione dei soldi, ma soprattutto mi hanno aiutato a comprendere concretamente il loro miglior utilizzo, e proiettare spese e guadagni nel tempo, per una più ampia visione.

Fatemi sapere poi se li avete applicati e se li avete trovati utili per le vostre finanze personali!

Andiamo a vedere di che giochi si tratta.

7.1 - IL GIOCO DELLA SPESA

Se vi domandassi quanto spendete con precisione in un anno sapreste rispondermi? Probabilmente no. Anche io, prima di iniziare questo gioco, non ne avevo idea.

Per cominciare è fondamentale che voi per qualche mese, teniate traccia di tutte le spese mensili sostenute. E per tutte intendo proprio tutte! Dal caffè al bar, allo spritz con gli amici, al pacchetto di sigarette ecc. Per poterlo fare vi consiglio di utilizzare direttamente un piccolo diario contabile, dove segnare sia le entrate (stipendio, provvigioni, paghette, soldi, regali ecc.) sia ogni tipologia di uscita. Se il diario è scomodo, vi consiglio una applicazione valida da scaricare sul cellulare: fast budget. Molto intuitiva. Si possono impostare degli allert, ogni sera, che vi ricordano di inserire le spese della giornata.

Dopo qualche mese, vi accorgerete e capirete quanto spendete realmente ogni mese. So già la reazione, perché ci sono già passato. Vedrete dei numeri che non vi aspettereste. E ricordatevi sempre di moltiplicarli poi per i dodici mesi dell'anno. E poi provate a moltiplicare tutto per dieci anni ad esempio. Resterete senza parole. Il primo gioco sta proprio nel ridurre o eliminare alcune vostre abitudini, spesso superflue, che incidono molto nel lungo periodo, se non le controllate o se non le eliminate.

Questo primo gioco vi permetterà di liberare un po' di economie, che potete indirizzare in maniera differente su altri interessi, molto più utili per iniziare a risparmiare. Nessuno ha mai detto che sarà facile, in quanto tutto questo richiede un sacrificio oggi, per stare meglio domani. Ricordate che l'obiettivo di tutti è la libertà finanziaria, e non la raggiungerete mai solo dicendolo. Dovete agire.

È fondamentale come in tutte le cose, la vostra costanza. Dovete essere costanti nel segnare ogni giorno tutto quello che spendete e farlo per un obiettivo di tempo prestabilito.

Siete stati bravi? Lo sarete di più seguendo il prossimo consiglio. Ogni volta che evitate un acquisto e quando arrivate a fine giornata, fate la somma di quello che avete risparmiato, e mettete in un cassetto l'equivalente. Alla fine del primo mese contate e scoprirete la magia!

7.2 - IL GIOCO DELLE 24 ORE

Prima di acquistare qualcosa al mercato, online, in negozio iniziate a porvi le seguenti domande:

- ✓ È un acquisto essenziale o posso farne a meno?

- ✓ Davvero ho bisogno di comprare subito questa cosa?

- ✓ Posso davvero permettermi di comprare questo oggetto?

- ✓ Quante ore devo lavorare per poterlo comprare?

Prendetevi 24 ore di riflessione, datevi delle risposte, mettete da parte l'impulso o l'idea di togliervi lo sfizio.

Spesso, dopo questo periodo di meditazione, vi renderete conto che non ne avete realmente bisogno o che potete comprare qualcosa di più economico. Come il primo gioco, mettete da parte in un cassetto l'equivalente dell'oggetto o di ciò che non avete comprato. E a fine mese vedrete una seconda magia.

7.3 - IL GIOCO DELLE BUSTE
Come mettere via 5.000 € in 6 mesi!

Vi chiederete come sia possibile, dal momento che fino ad adesso non avete messo nulla da parte. Se utilizzate già i primi due giochi, potete utilizzare anche questo.

Prendete 100 buste da lettera e numeratele da 1 a 100.

2 volte a settimana, per 25 settimane, estraete una busta a caso. Immaginate di aver estratto la busta numero 50. Prendete 50 euro e inseriteli nella busta. E fate così per le settimane stabilite. Alla fine delle 25 settimane avrete esattamente 5.050,00 € messi da parte! Ecco, ora magari non spendeteli presi dall'euforia! Utilizzateli in modo sensato e seguite i miei consigli.

Ne vuoi altri 5.050? Ricominciate per altre 25 settimane!

7.4 - IL GIOCO DEI BUDGET

Ad inizio di ogni settimana, prestabilite un budget per ogni cosa. Ristorante, cena con la fidanzata/o, videogame, caffè, bibite, estetista, fine settimana, aperitivi ecc. e RISPETTATELO!

Prenderete consapevolezza del valore e dell'utilizzo del denaro, ma la cosa fondamentale è che imparerete a gestire i vostri budget con programmazione e organizzazione.

La programmazione e l'organizzazione sono fattori fondamentali anche negli investimenti, nella vita, nello studio, nel lavoro e vi torneranno sicuramente utili in futuro.

7.5 - IL GIOCO DEI VIZI

Quante volte vi è capitato di chiudere un bel mese a lavoro o un periodo di sacrificio e dire "adesso mi merito un po' di vacanza" oppure "adesso mi premio, comprando qualcosa di sfizioso"?

È un po' come andare a fare una camminata faticosa in montagna, sognando il pranzo ristoratore che farete una volta giunti al rifugio, dove mangerete antipasto, primo, secondo, contorno, dolce, caffè, amaro e richiamino. Il giusto premio per tutta la fatica fatta per arrivare li. Tutto nella norma, va benissimo premiarsi per un risultato raggiunto con fatica, un traguardo importante o festeggiare per una premiazione dopo anni di lavoro. Viziarsi fa bene alla mente e al corpo, ma rendiamo utile il gioco oltre che dilettevole.
Se per premiarvi spendete 200 €, una volta tornati a casa, prendete una busta e aggiungeteci altri 200 €. In questo modo la vostra premiazione costerà 0, se metterete via un importo pari togliendolo dalle somme disponibili per concedervi altri piccoli vizi.

CONCLUSIONE

Siamo dunque giunti alla fine di questo manuale. Ogni paragrafo di questo piccolo viaggio intrapreso è stato per me una piccola condivisione di esperienza, che volevo trasmettere per darvi delle basi per cominciare il vostro percorso assicurativo e finanziario e di realizzazione professionale. Attraverso le parole che ho scritto, ho delineato la sagoma di questo percorso di consapevolezza che ognuno di noi dovrebbe fare. Ho voluto creare l'inizio di un itinerario che spero vi abbia fatto comprendere l'importanza di una pianificazione oculata e precisa. Queste piccole lezioni devono essere le fondamenta solide su cui costruire una vita finanziaria e assicurativa sostenibile, e se vorrete intraprendere questo percorso con me, vedrete che la protezione del patrimonio e degli affetti è veramente alla portata di tutti.

Molti degli spunti che ho voluto suggerirvi, arrivano dal mio bagaglio di esperienza in materia, dalla mia professionalità, messa a disposizione dei miei clienti e delle persone attorno a me in questi anni, dalla mia esperienza sulle finanze in primis personali e vi posso assicurare che una gestione assicurativa e finanziaria intelligente porta ad enormi risultati. Sono stato in grado in pochi anni di tessere con cura una rete di sicurezza attorno ai miei sogni, dimostrando a me e alle persone che seguo, che ogni piccola scelta può contribuire alla costruzione di un futuro migliore in questo mondo spesso incerto. Ogni investimento strategico su sé stessi o a livello finanziario è stato un passo avanti verso una vita libera da preoccupazioni finanziarie e piena di possibilità.
Sono sicuro di avervi dato utili consigli per rendervi più consapevoli e meno "ignoranti", passatemi il termine.
In questo epilogo, l'invito che vi faccio è quello di camminare con sicurezza e consapevolezza, vi invito ad investire nel vostro futuro con saggezza e a proteggere ciò che conta davvero.

Così, mentre chiudo, scrivendo questi ultimi pensieri, sento che la storia non finisce qui; è solo l'inizio del vostro viaggio, un viaggio in cui le decisioni che prenderete saranno importantissime.
L'augurio che mi faccio e vi faccio è che questo manuale possa essere una guida preziosa, un compagno fidato, per chiunque desideri intraprendere questo lungo cammino.
Se vorrete, potrete camminare in buona compagnia e potrete continuare questo percorso con me. Vi darò ulteriori informazioni e consigli per portarvi verso la sicurezza e la prosperità finanziaria, passo dopo passo, scelta dopo scelta.

Non dimenticatevi di lasciarmi una recensione su Amazon. Per me è molto importante.

A presto,

Alessandro

CONTATTI

Numero   3404089351

e - mail   info@fabbrialessandro.com

Inquadra i codici QR qua sotto per visitare il sito e seguirmi sui Social.

Instagram

Sito